建築——風土とデザイン

建築—風土とデザイン

徳岡昌克

徳岡さんの作品

内田祥哉（東京大学名誉教授）

徳岡さんの作品を幾つか見せてもらう機会ができた。主に北九州にあるものだけで、数ある作品からみればほんのわずかであるが、徳岡さんらしい個性と、他の作者には見られない特徴を読みとることができた。建築の専門家でなくても、徳岡さんの作品の幾つかに触れれば、どの作品にも集中した見せ場がつくられていることに気付くと思う。その一つが動線のつくり方と、その要となるところの演出である。

例えば田川文化エリア（1991）展示施設のエントランスは、思い切って高い格天井で、採光面にはめ込まれたオニックスが上に向けた視線をしばし留める。この手法は他にも使われていて、嘉麻市立碓井琴平文化館（1996）の場合にはアーチの天井に矩形の大理石がはめ込まれている。めくばーる三輪（1997）のホール客席下のフォワイエはまったく違っていて、天井は高くとれないためか、仕切りのない、空のような天井をつくり、敷地内の幹線路に面する開口部を開け放つと、屋外テラスのような開放感が味わえる。ここでは屋外音楽会も開かれているそうだ。徳岡さんの作品は、動線の要に目を止めさせる空間を置いているのが特徴である。

平面構成では、一見丸と四角の組み合わせが多い。それは動線の

サーキュレーションを重視しているためであろう。サーキュレーションはデッドエンドをなくすから、個別空間の連続性に自由度が増え、避難路の確保もしやすい。住宅のような小規模なものにもできる限りサーキュレーションを採り入れるべきだと筆者は考えているが、公共施設のように不特定な用途に臨機応変で応じなければならない場合には欠かせない手段である。徳岡さんの作品が使いやすいといわれているとしたら、平面計画のサーキュレーションが重要な役割を果たしているに違いない。

　四角と丸の組み合わせは、サーキュレーションをつくった結果で、二重の四角、二重の丸を避けているのであろう。小石原焼伝統産業会館（1998）の四角な展示室の中の丸い中心、碓井の四角い図書館の中の丸いドーム、どれも平面的だけでなく立体的に、またインテリアだけでなく外観造形の手段に利用している。外観は時に多宝塔のような形態になり、ランドマークの役割を果たしている。

　もう一つの特徴は、設備機器の格納場所を外観造形の主要な要素にしていることだ。最近は建物の寿命が延びる傾向にあり、20～30年で寿命のくる設備の配管や機器類にも交換が必要とされるようになった。小規模な建築では、屋外器は樹木で覆ったりしているが、受電、発電、冷凍などの大型機器類は搬出、搬入路が確保されていないと、建物そのものが息絶える。徳岡さんの手法の特徴は、そんな機器類を屋根の上に上げて、気楽に造形化していることだ。機器類が簡単に取り出せるかどうかは聞いていないが、20～30年に一度だから、同じ程度の寿命かもしれない屋根葺き材の補修をかねて、一緒に取り換えることも考えられよう。めくばーる三輪で中央通路の景観に変化をつくる突出した屋根の表情が印象的だった。

　外構と造園についても印象に残ったものがある。碓井琴平の広大な芝生、といっても面積はさほどでないのだが、資料閲覧室から見ると、見渡す限りというほどに広さが感じられる。先の下がった地形を巧く使っているのと、巨石文化を思わせる彫刻の配置で、窓からの景色は「見渡す限り」である。それとは逆に、めくばーる三輪では、近接した建物の壁や窓が、相互に景色をつくり合って、狭い路地の面白さが窓越しにうかがえる。めくばーる三輪は、コンペで1棟にまとめられるものを5棟に分けて提案したというから、そこは一つのねらいであったのかもしれない。田川文化エリアでも、通路のアイストッ

プに当たる窓には、アールデコ風の鉄格子を入れて、それとなく相互の視線をつくりだしている。

もう一つ、造園で面白いと思ったのは笹と竹の扱いで、数種類を巧みに使い分けている。意図されたものかどうかわからないが、違った種類の笹が互いに入り込み合って、打ち寄せる波の崩れるように混ざり合っている景色は、印象的だった。

徳岡さんの作品の特徴を述べるなら、どうしても記述しなければならないのが施工に優しいディテールである。わかりやすいのは、瓦棒葺きの屋根の軒先処理で、これは改良進化の過程がわかる。めくばーる三輪は、完成に近い。目標は瓦棒葺きの軒先をシャープにすること。例えば瓦棒の先を軒先でつぶすのもすでに例がある。しかしそれでは瓦棒の先が出て、軒先の線を鋭くすることはできない。瓦棒は軒先の手前で止めたい。だがそれは施工が大変厄介になる。その難しさは折り紙でつくってみてもわかるが、雨仕舞いを考えると、頭が痛くなる。それでも職人に無理をいってつくらせている建築家はいる。徳岡さんの手法は、そういう無理をいわないで軒先の線を出そうとしているところだ。その試行錯誤の過程は、時系列的に作品を遡ってみると、例えば数年前にできた田川（1991）と比較して、見た目はあまり変わりないが仕事は三輪（1997）のほうが遙かに簡単である。

壁では、碓井琴平文化館に使われている青海波（せいがいは）が面白い。手間が掛かっているように見えるが、壁面の亀裂を見せないためでもあり、塗りやすさを考えた配慮で、左官仕事に対する造詣に感心させられる設計である。同じ左官でもプラスターと漆喰とでは鏝捌きが違う。プラスターは素早く塗らないと固まってしまって凸凹ができるが、漆喰は何時までも固まらないから、押せば凹んで平らに安定しない。いずれにしても大きな壁面を平らに仕上げるのは容易でない。プラスター仕上げで鏝斑を意図的に残すのは、凸凹や、うねりを隠すためでもある。

妻壁いっぱいの青海波はそんな意味もあろうと見た。しかし、目地なしで漆喰塗りの青海波をつくるのは腕利きの業であろう。碓井琴平文化館の場合には、左官の定規になるステンレスの目地が入っている。目地で区切られた中だけを平らにすればよく、しかも上下の青海波にはわずかな段がついている。これは雨仕舞いの水切りにもな

るが、上の目地には鏝の先を当て、下の目地には鏝の腹を当てれば目地が定規になってきちんと塗れるに違いない。ことによれば見習いに近い左官にもできるのかもしれない。先例があるのかもしれないが、巧い模様を考えたものだと感服した。玄関には、色違いの漆喰を使った派手な青海波模様がつくられていて、能舞台の松のように見える。この模様は、木戸デイサービスセンター（1995）にも使われているようだから、どちらが設計を先に進めていたにせよ、利用者の評判が良かったのであろう。

軒先の納まりにしても、青海波にしても、作者の施工に対する配慮は、いわゆる形だけに見栄を張る現代の建築家たちとは、ひと味違う視点があるように思えた。それは作者の生い立ちによるのかもしれない。

作者は、竹中工務店の設計部に勤め、そこでの経験をふまえて設計事務所を独立させている。だが、その前に、先代徳岡丑之助が徳岡工務店の創始者であることにも関係がありそうだ。徳岡丑之助は、竹中工務店に所属する大規模な大工集団の棟梁で、昭和19年、大阪で徳岡工務店を創業する。以後ジェネコンとしても活躍し、事務所建築から社寺建築まで、幅広く、多くの建築を完成し、多くの賞を受賞している。なかでも大阪万博の太陽の塔などは、最も難しい工事である。作者徳岡昌克は、先代徳岡丑之助の経験から学んだことが、少なくなかったという。ジェネコンの設計部に属するほとんどの設計者が、ジェネコンの大きな力を背景に仕事を進めているなかで、下請け工務店の苦労も心得た作者が、ひと味違う経験をしたと考えても不思議でないと思える。いずれにせよ、作者のつくるディテールから、現場の職人と、それを支える専門職の気持ちが伝わってくる。

徳岡事務所の作品の中には、作者が徳岡昌克、施工が徳岡工務店というのもあるが、それは比較的小規模なもので、規模が大きいもの、特に公共建築ではその例はない。それは、一種の設計施工の疑いがあるので、近代的でないとされるからであろう。だが、その共同作業はある意味で、日本的で、東洋的で、未来的といえるのかもしれない。もしそういう組み合わせを指定して発注することができたなら、無駄な経費の掛からない優れた建築を手に入れることができる、と思うようになった。多くの作品の中にも、そういう幸せを享受した建築主がいるに違いない。

目次

文：

DATA：

地域に愛される建築をめざして

徳岡昌克

物語性——現代建築は多くの工匠の技や材料を切り捨ててきた。それでも光と影を操作することにより、人々を感動させる建築を創造することは十分可能なことは立証されつつある。が、しかし、建築に関わる多くの情感もまた切り捨ててきた。建築を取り巻いてきた多くの物語性も消え去って、一瞬の感動は与えられるが、その建築を構成する工匠の技や材料の持ち味に思いを馳せることもない。棟梁のカンナの木肌の味合いや左官のコテさばきの妙技に感服することもない。こうした技を生み出してきた人間の物語や、仕事を通じた人格形成やつつしみの心情を推し量る機会もなくしてしまった。

煉瓦タイル——ひところ、外装に煉瓦タイルをよく使った。博多では港町だからモダンでハイカラな色合いに、長崎では開港、小倉では力強い鉄の町をイメージして決めた。窓の抱きも、博多は浅くしてボリューム感を出し、小倉では深くマッシブな表現とした。いずれも組積造の表現をとっている。コスト上からもシンプルな建築だが、まだ外装に煉瓦タイルを使わせていただいた。それらの建物は丈夫で美しく長持ちしているが、こうした神経使いが、これらの建築を見る人にも理解されているだろうかと思うと、心もとない。

長生きする建築——建築を志した若い頃から、建築をただ口を糊するだけの術にするまいと思い、また建築は自分が死んでも残るものと信じてきた。一方、建築も人間と同じように風雪に耐えて老いていくものだ。年相応の生き方がある。「綺麗」という表現より、「美しい」といわれるほうが望ましい。建築も人間も、品よく美しく年を重ねることが理想だ。

文化としての建築——わが国では建築の寿命があまりにも短い。人が建築をつくり、つくられた建築が人を育てるとも、人のつくった都市が人々を育てるともいわれるが、こう目まぐるしく壊されていたのでは建築や都市が人を育てる間もない。建築が生き永らえるためには、人々が残そうとしなければその建築は残らない。美しく、丈夫で、長持ちし、時代を超えて役立ち、人々に愛着をもたれ、新しい風景として生き残っていける建築はどのようにしたらつくれるのだろうか。その土地の気候、地味を無視したのでは、あまりにも建設コストやメンテコストがかかり、人々の負担になる。また、人情や固有の文化に思いが至らなければ、その建築は愛着をもたれないだろう。

福岡 **小石原** 伝統産業会館

福岡 **三輪** 町民複合施設

福岡 **田川** 文化エリア

福岡 **碓井** 文化館

小石原焼伝統産業会館 | 1998

福岡県朝倉郡小石原村

小石原には 50 数軒に及ぶ窯元があり、一村、焼き物の村として知られている。年 2 回の民陶祭には十数万の人々が訪れ、そのおりの駐車場やイベント広場にこの建築は位置している。広場をできるだけ広く確保できるよう、建築は、広揚の端の崖縁に寄せて建てた。こうしてこの建築は､集落中心に至る街道に寄り添うように建っている。

樹齢数百年といわれる行者杉や皿山が内部からも眺望できるよう計画することで、地域の自然景観と一体感を覚える建築空間とした。

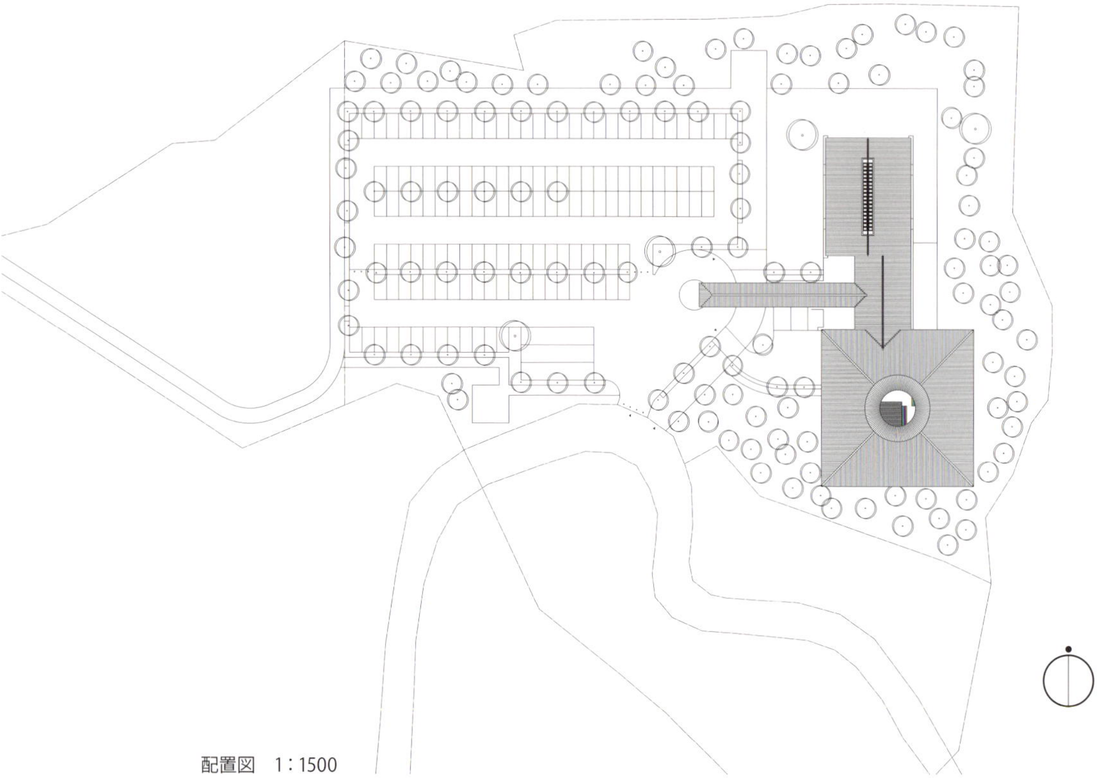

配置図　1：1500

駐車場としてだけでなく民陶祭の時の広場にも使われるスペースを十分に取るために、建物は高低差のある敷地の際にある。

上：エントランスホールから展示館入り口を見る。
奥に回遊動線の中心にある茶室が見えている。
右頁：館内の回遊動線から茶室を見る。

回遊動線の周りに、焼き物の歴史、先人たちの古作、現代の窯元の新作や代表作など、それぞれ異なったテーマの展示室が配されている。

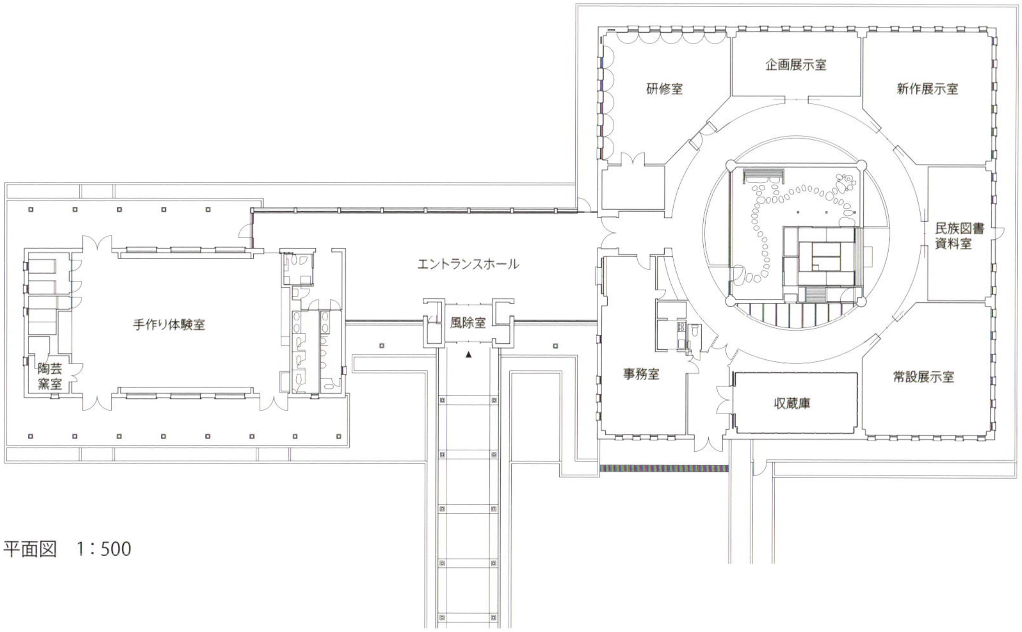

平面図　1：500

展示館の外部回廊や手作り体験室の木製デッキからは行者杉の林や近くの窯元の作業場を望むことができる。日本古来の方形瓦屋根の頂部にロクロの回転をイメージした明かり取りのガラスのリングを付加することで、シンボリックな形態とした。夕暮れから夜には、それが樹林に浮かぶ行灯のように、山里に情感を醸し出す。
右頁：壁は内外とも、この地で採れる陶土の色合いに仕上げた。

西立面図　1：600

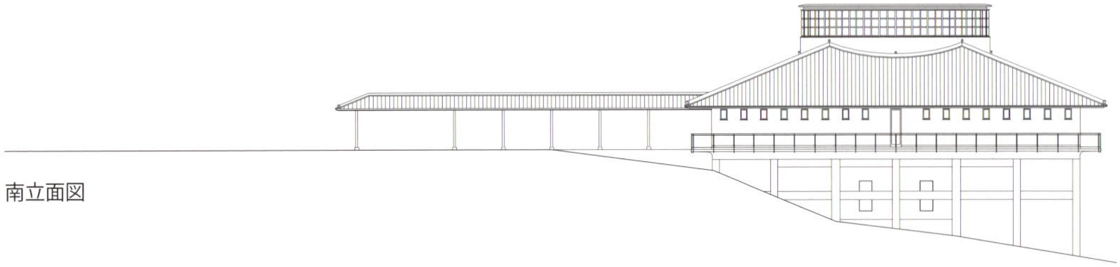

南立面図

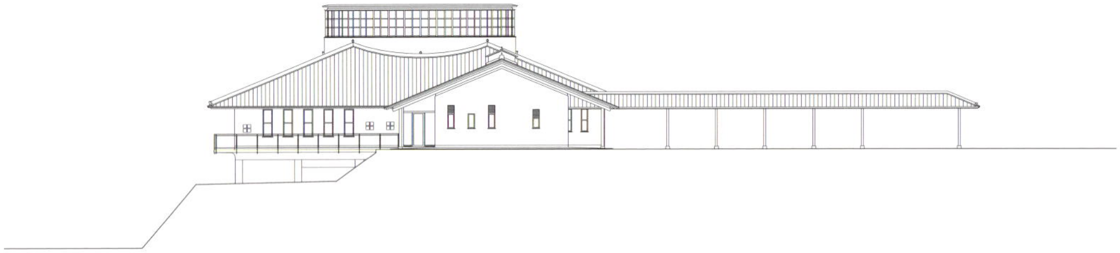

北立面図

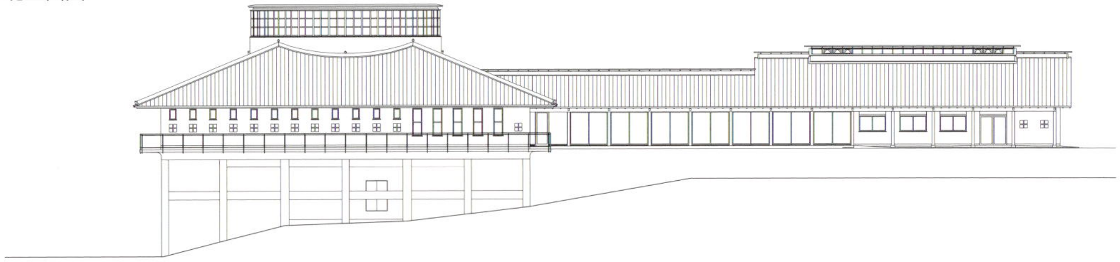

東立面図

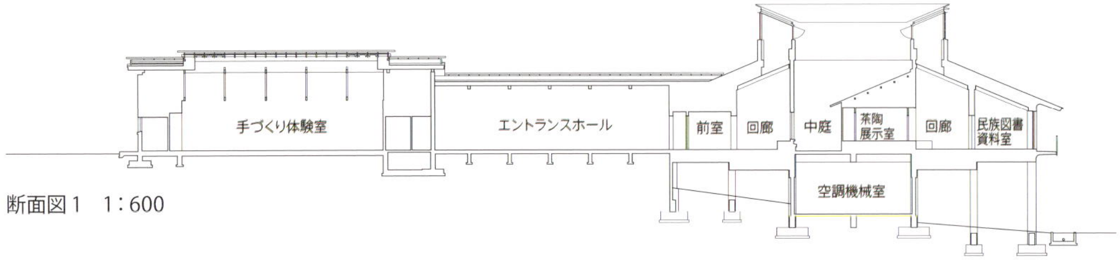

断面図１　1：600

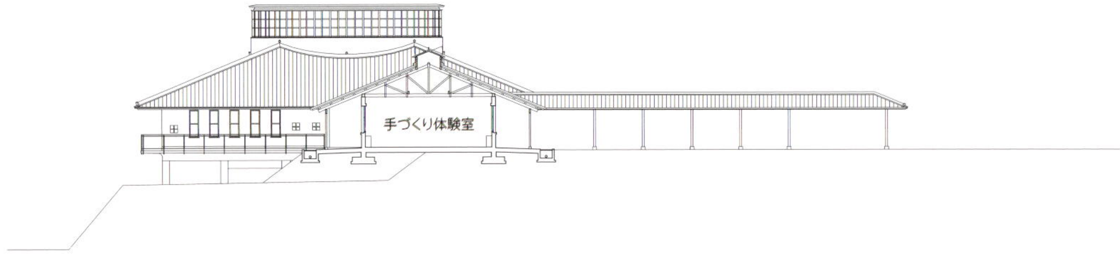

断面図２

上：西側全景。
左：手作り体験室は、後継者や一般来館者に体験学習を通して技術指導を行う施設で、子供たちの課外授業にも使われている。
この室のトラスの端部は両面に 25㎜の桧の厚板が上弦、下弦材に大釘５本ずつサイコロ状に打ち止められている。金物では木との馴染みが薄く、トラスが開いて屋根が下がる。先の長いアプローチの庇外端部の鳥居型筋交い同様、これらの技術的解決は、子供の頃、父の晩酌の折りに聞かされた自慢話に従った。
下：外部回廊の壁には村の全作家の陶板焼きが嵌め込まれている。

めくばーる三輪 | 1997

町民ホール・図書館・学習館・健康福祉館・老人福祉センター

福岡県朝倉郡筑前町

春には雲雀のさえずりが聞こえる、のどかな田園風景。敷地は転換農地で、平坦な２万3,000㎡。ここに、文化系３機能と福祉系２機能の５施設を一挙につくるという11社によるコンペがあった。これまで、都市のありようとして、みどり、道、広場について言及してきたので、このコンペはめったにない機会と思い参加した。
一つの建物に集約することも可能だったが、この場所と要求された建物は町の中心となる構成要素として集落配置を提案した。

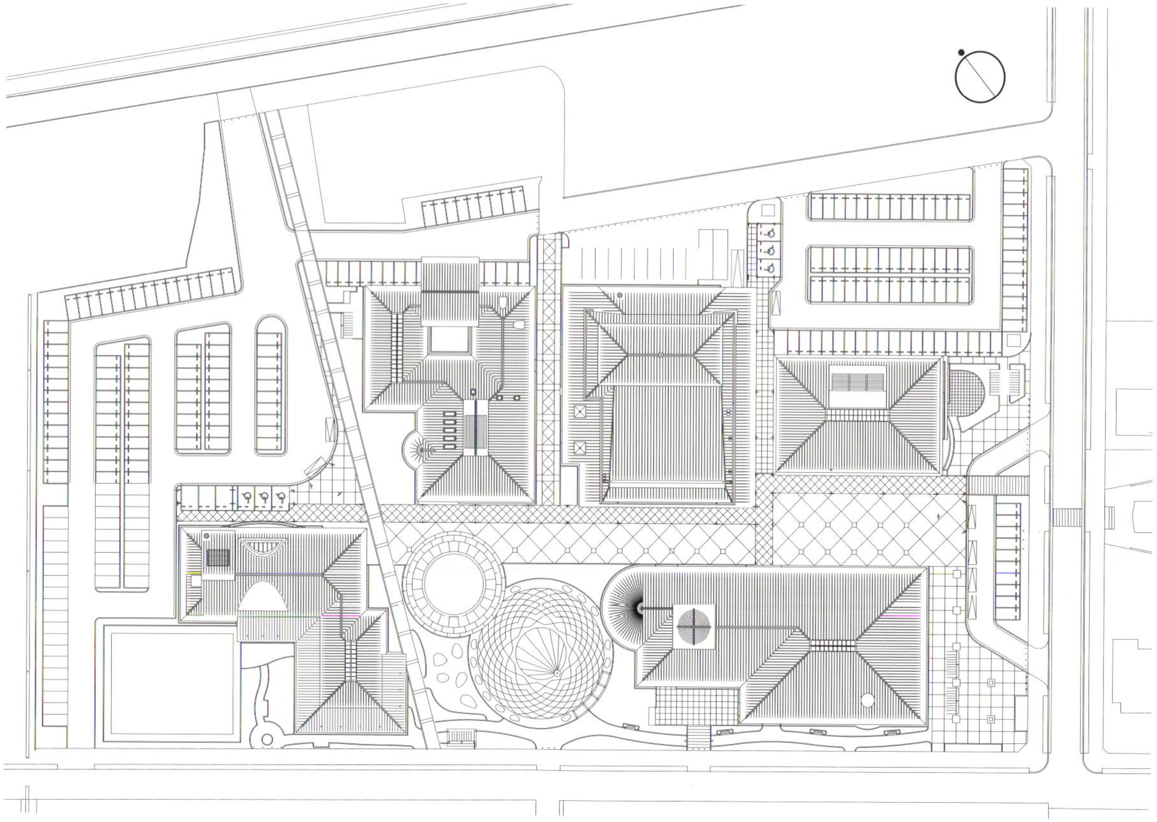

配置図　1：1500

各建物は北に対して約40度振っている。その結果、2面が南東および南西に向くことになり、終日日陰になる部分をほとんどなくし、植生を助長している。

屋根は銅板葺き、構造・外壁は、高度な遮音性能が必要なホールは鉄筋コンクリート造・煉瓦タイル貼りとし、他の４館は鉄骨煉瓦造で、鉄筋補強の煉瓦積みとブロック積みの２重壁としている。

スクールバス停を起点とするセンターモール「もやい通り」に面して生涯学習館、それに隣接する町民ホールと図書館が対面して文化ゾーンを、「日読みの広場」「月読みの泉」を挟んで健康福祉館と老人福祉センターが福祉ゾーンを形成している。広場に面して軽食・喫茶店がある。

すべての建築はもやい通りに入口や企画展示コーナーを備えている。直交する小道は、この地方の特徴ある山並みに視線を通している。わが国では街道筋が流通、文化、情報交換の場であったことに遠く思いを馳せた。

図書館や広場はバス待ちの子供たちの溜まり場ともなり、とりわけ広場の大石や楠で構成された小山は、わんぱく小僧たちの遊び場で、元気な子供たちの姿が年寄りたちの目を楽しませてくれる。また、老人福祉センター横の日当たりのよい花畑には、老人たちの成果がつねに咲き誇っている。

HALL

都市を形成する要素として、みどり、道、広場を挙げたい。
もやい通りはこの集落配置のメインモールで、ここにそれぞれの館の企画展示コーナーが面している。町民ホールのホワイエもこの通りに大きく開放されて、種々のイベント時に活用されている。

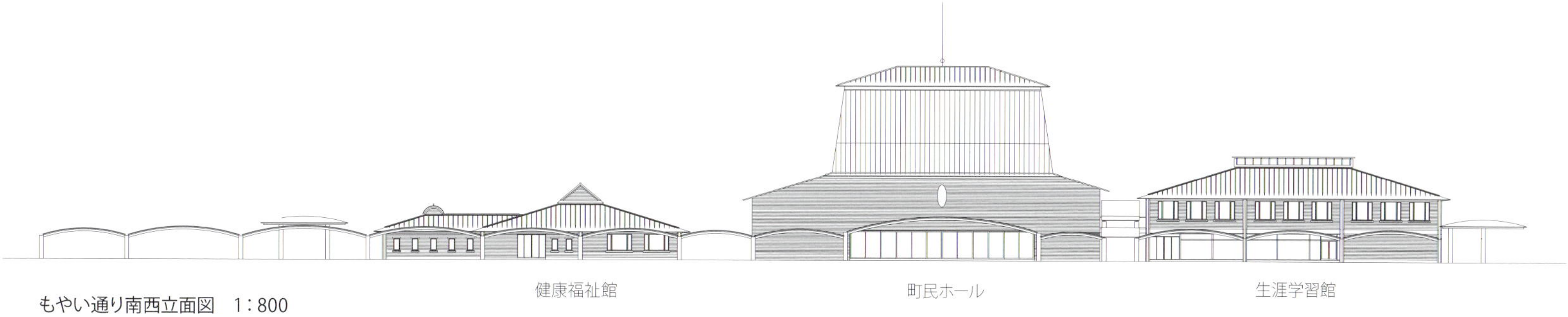

もやい通り南西立面図　1：800

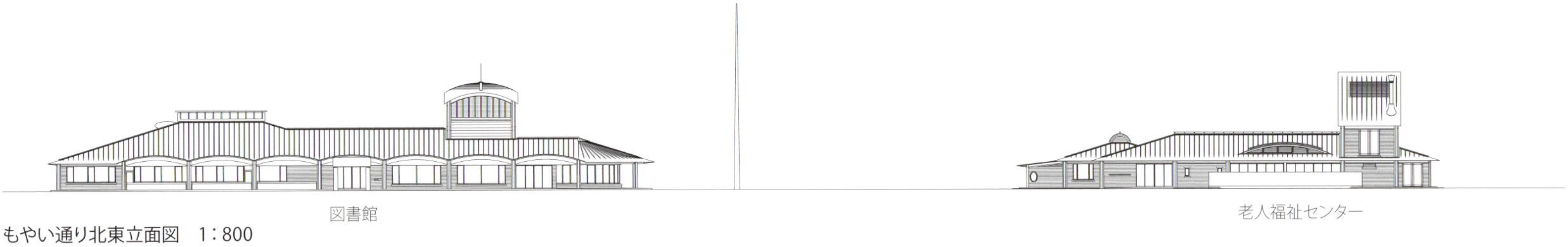

もやい通り北東立面図　1：800

上：三輪町は邪馬台の里と称せられるほど、詩情豊かな史跡や風景に恵まれている。その三輪町の物語性に因んで、敷地の中央部に日時計の針となるモニュメントを設けて「日読みの広場」とし、また豊かな地下水に思いを馳せて噴水池をつくり「月読みの泉」とした。
左頁：「月読みの泉」からもやい通りを軸にして右に図書館棟、左に町民ホール棟。突き当たりにバス停がある。

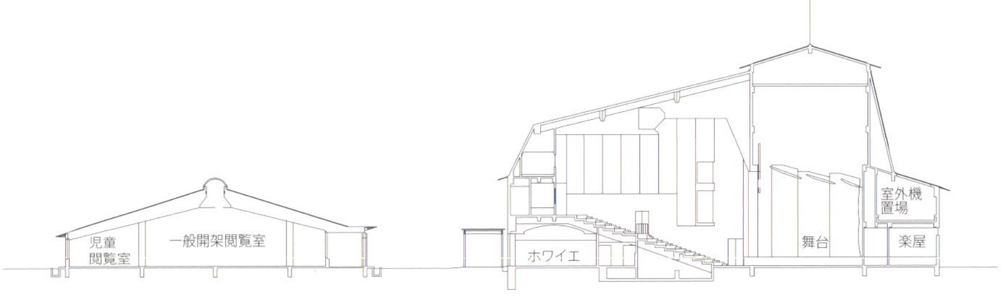

図書館—もやい通り—町民ホール　断面図　1：800

上：図書館棟北西寄りにある喫茶店付近からの眺め。正面から右回りに、老人福祉センター、健康福祉館、町民ホール。もやい通りと広場がこれらの各施設を関連づけている。
左頁：町民ホールのエントランスを兼ねたホワイエ。もやい通りに向けて開放され、内外一体となったイベント会場として活用することもできる。通りの向こう側は図書館棟の軽食・喫茶店。右手に「日読みの広場」、「月読みの泉」が広がる。

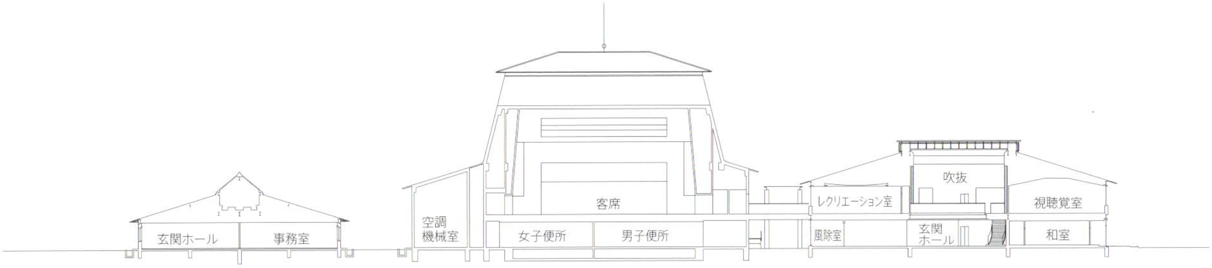

健康福祉館―町民ホール―生涯学習館　断面図　1：800

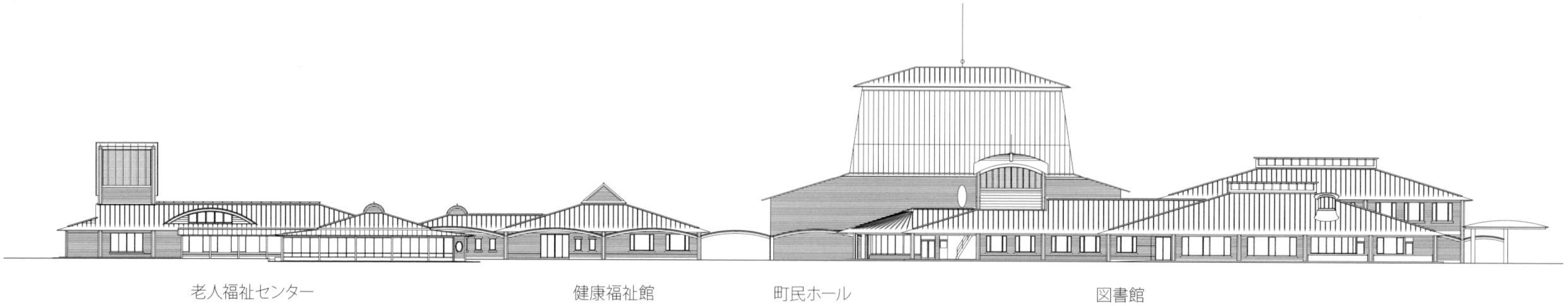

南西立面図　1：800

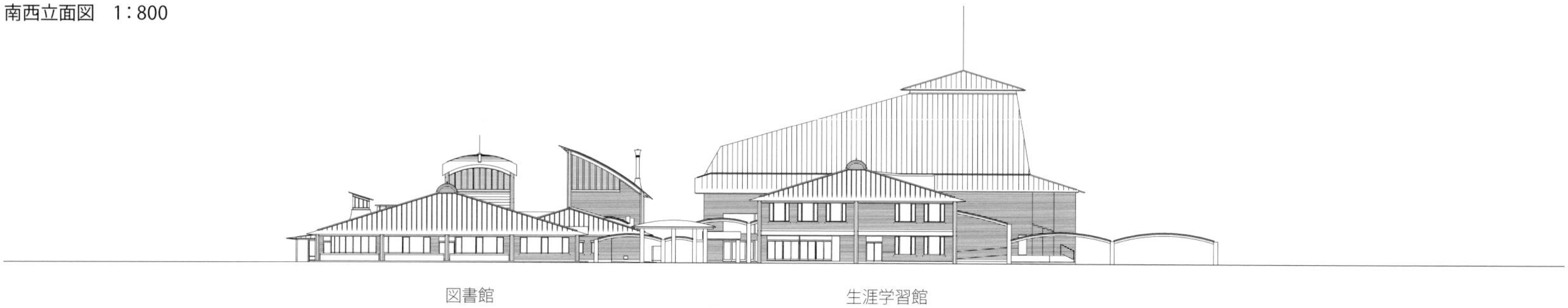

南東立面図

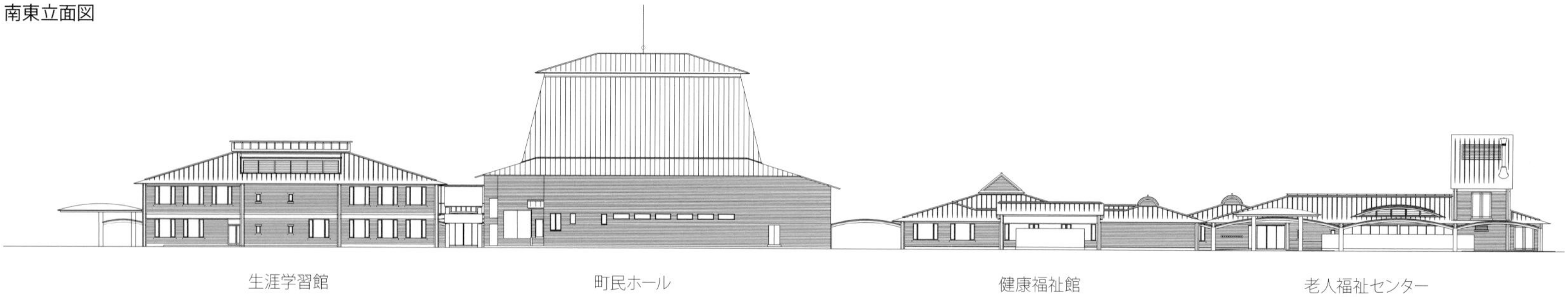

北東立面図

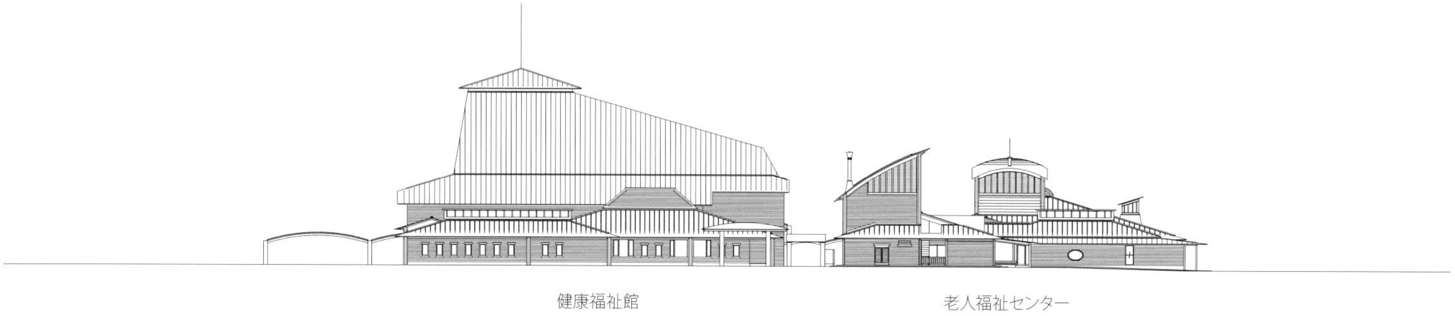

北西立面図

図書館夜景。もやい通り側の下屋下部は昼間は屋外読書空間となる。

図書館

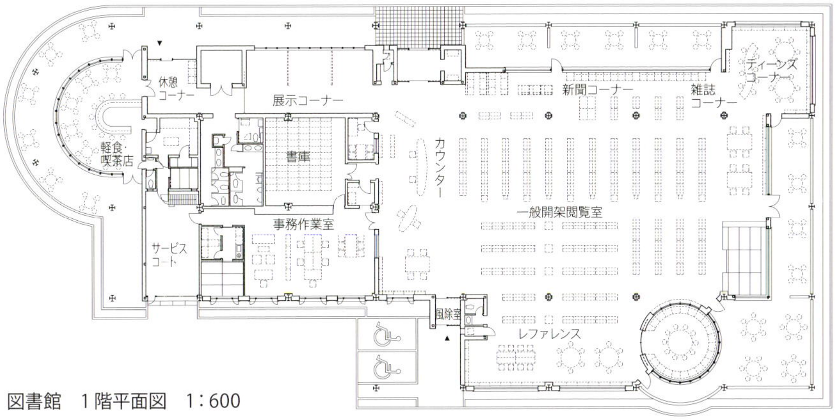

図書館　1階平面図　1：600

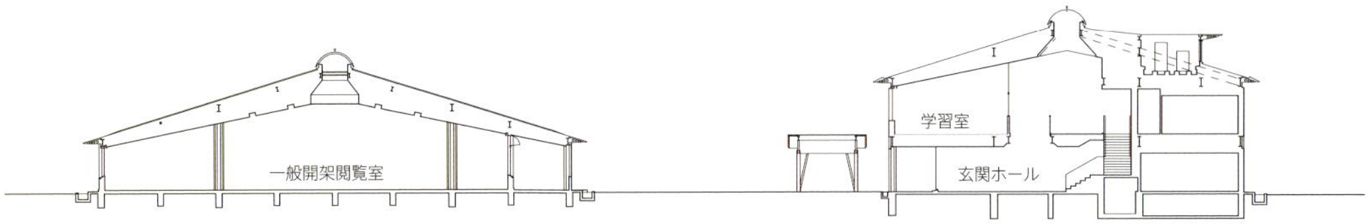

図書館—もやい通り—学習館　断面図　1：600

老人福祉センター

健康福祉館

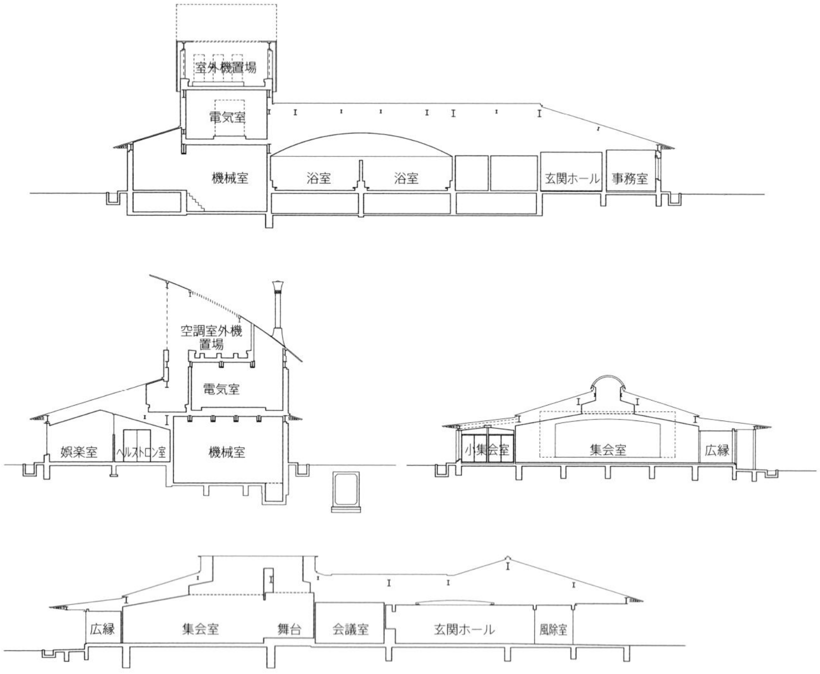

老人福祉センター　断面図　1：500

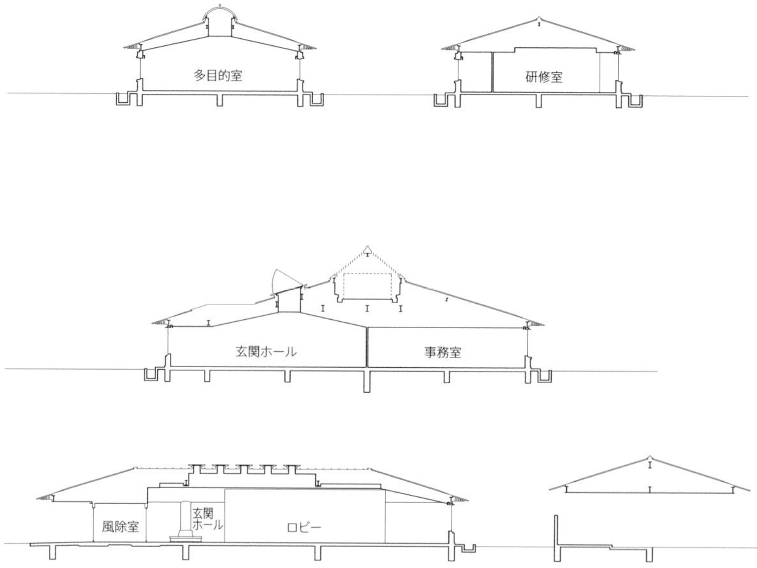

健康福祉館　断面図　1：500

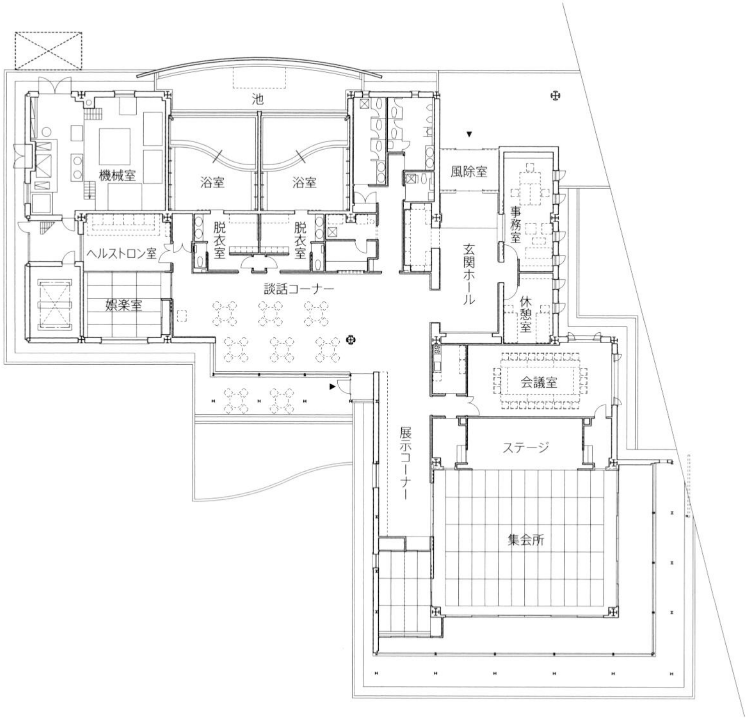

老人福祉センター　平面図　1：500

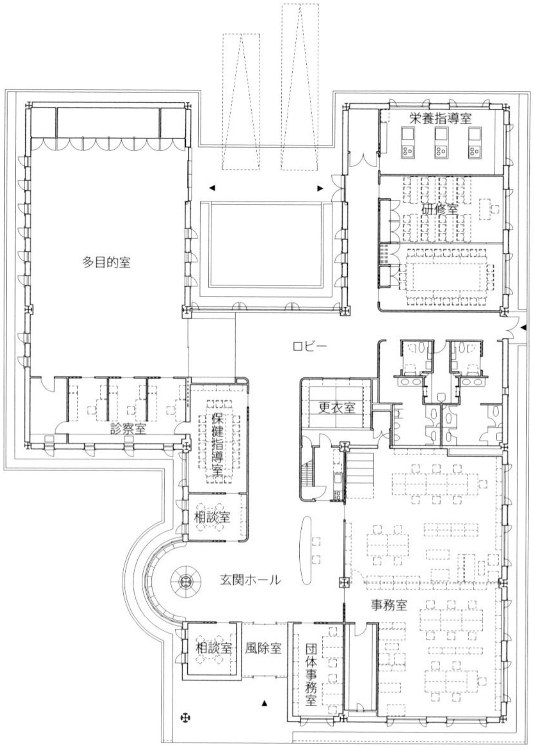

健康福祉館　平面図　1：500

町民ホール

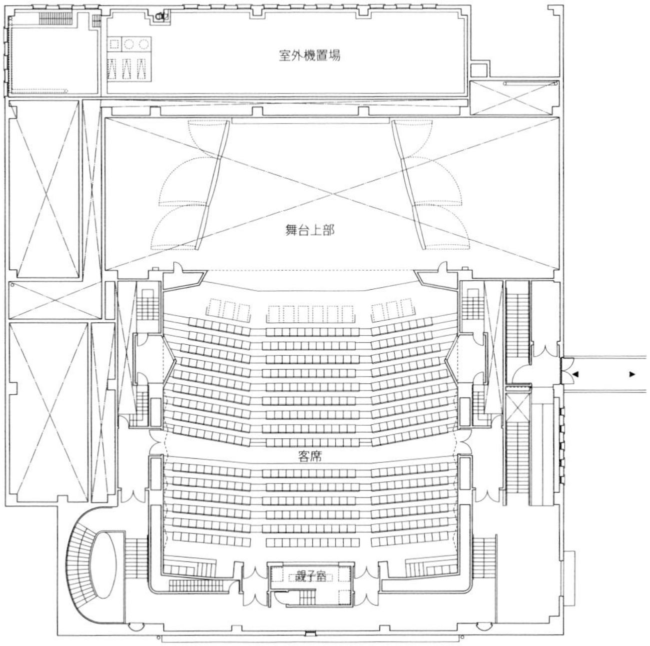

町民ホール　2階平面図

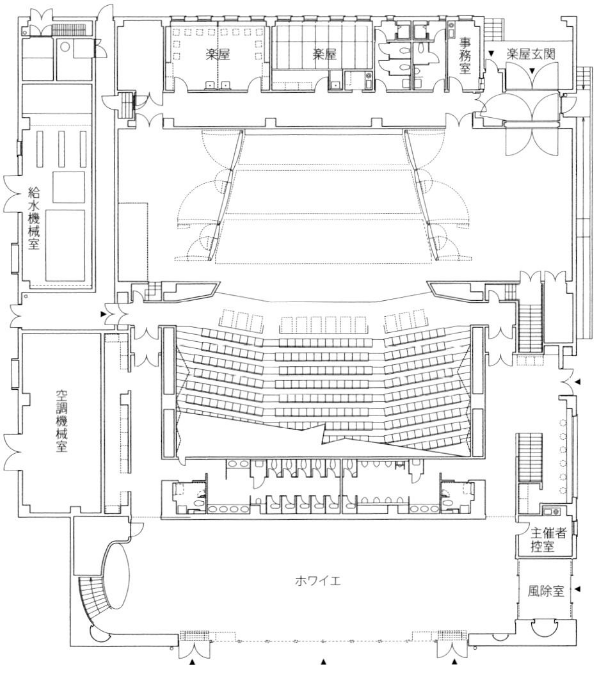

町民ホール　1階平面図　1：500

学習館

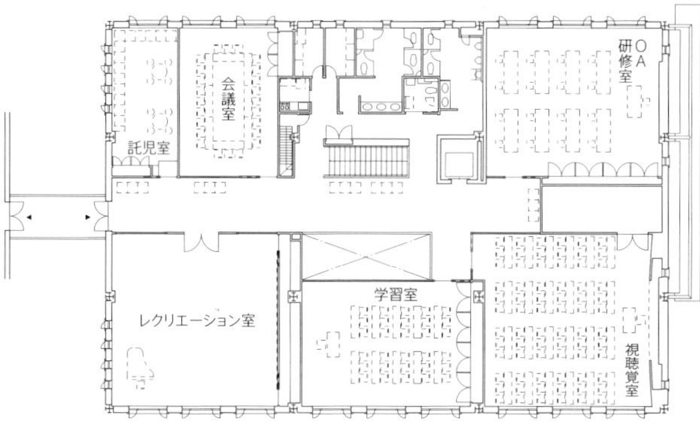

学習館　2階平面図

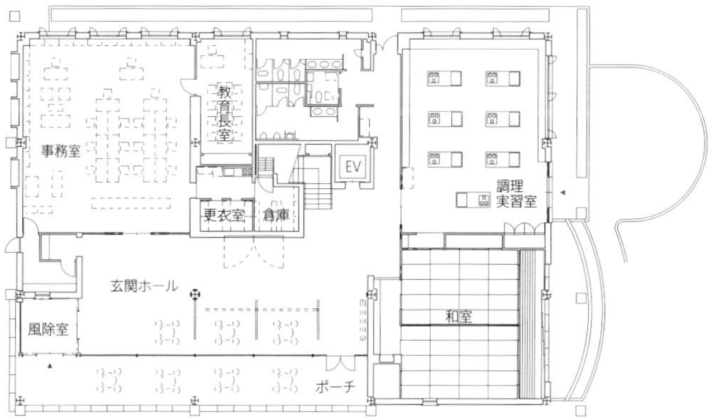

学習館　1階平面図　1：500

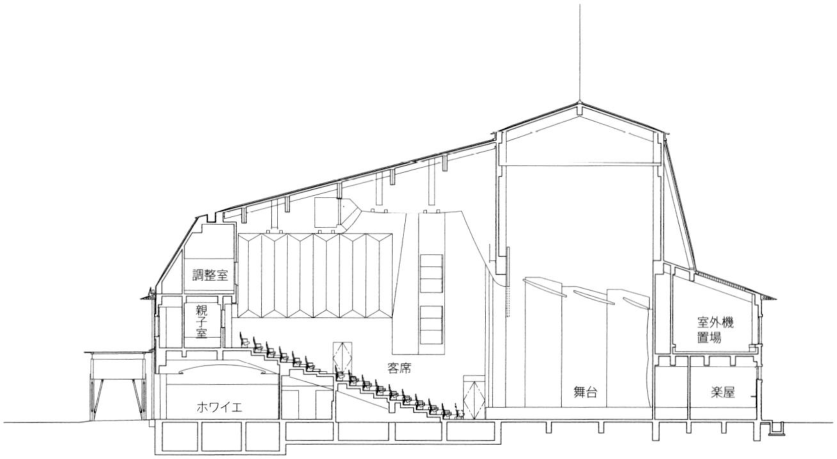

町民ホール　断面図　1：500

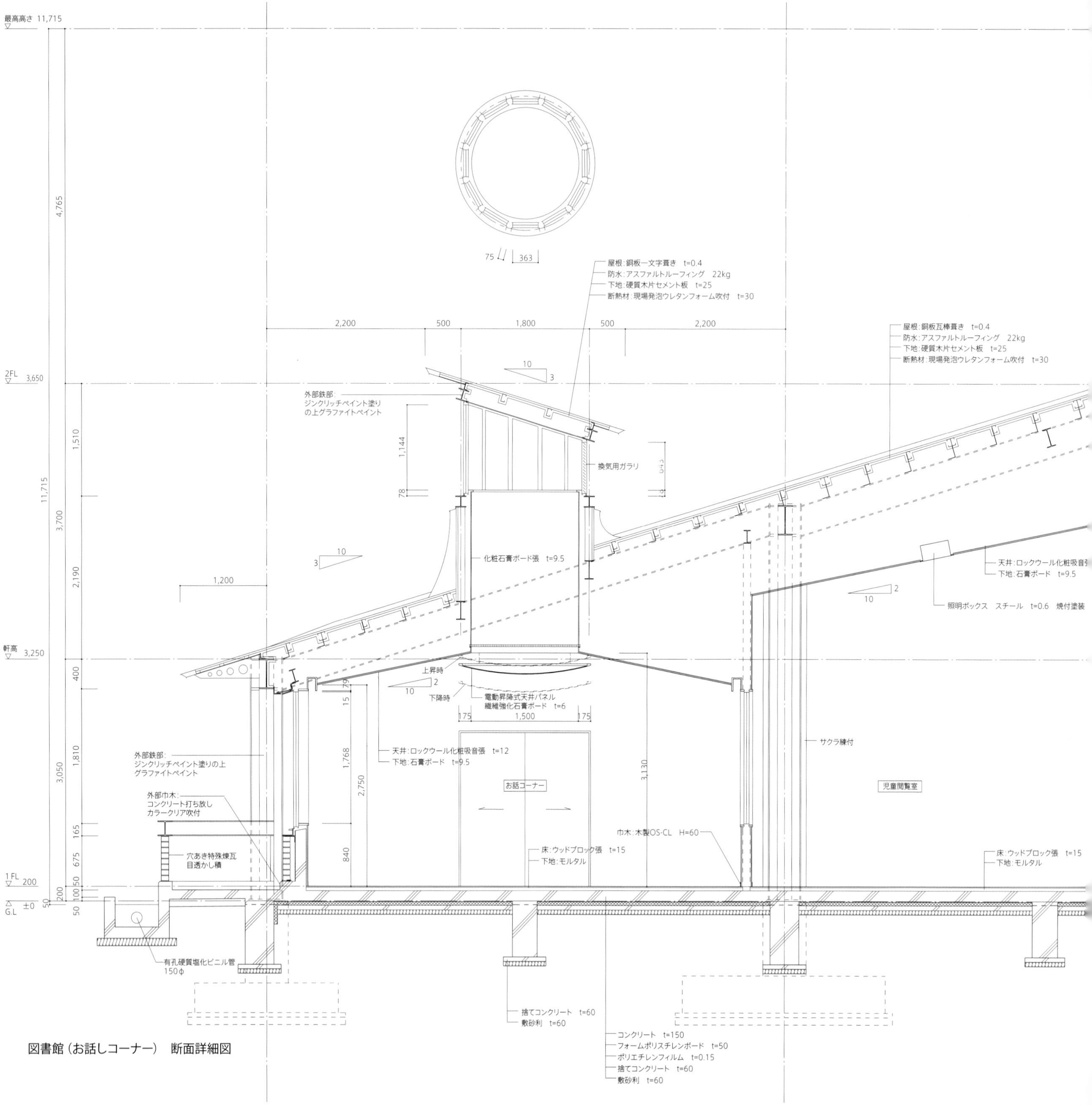

図書館（お話しコーナー） 断面詳細図

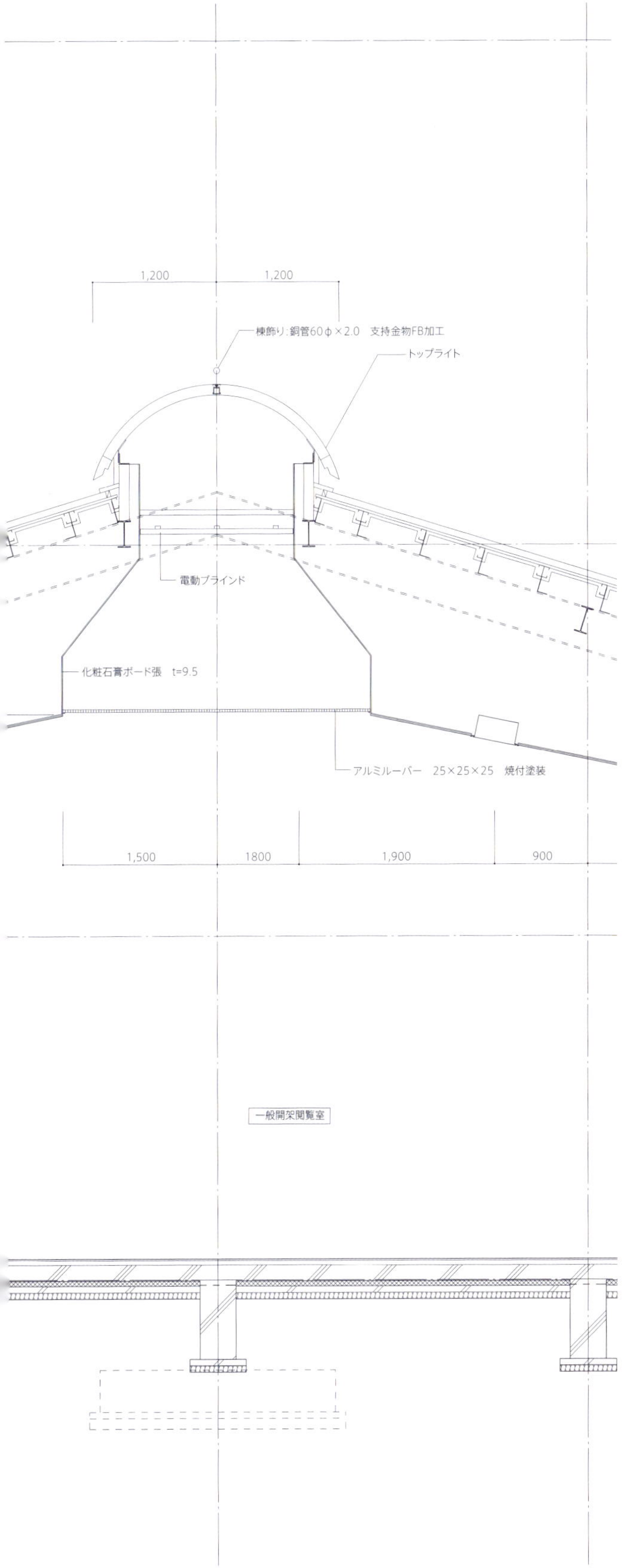

図書館屋根左上方の突出部分は機械室。

田川文化エリア｜1991

美術館・図書館・モニュメント

福岡県田川市新町

田川はユニークな地形だ。香春山を頂く起伏に富んだ盆地で、意外なところから展望が開け、独特な風情を感じさせる。また、銅、陶土、石炭、石灰石などの大地の恵みと、大陸からの技術を生かした工藝が地域を特色づけている。
かつては炭坑で栄え、九州・筑豊地方にはその当時の様子の記録も多い。しかし、国のエネルギー政策の変換により廃坑をよぎなくされた。地域経済への影響も大きく、人の和が荒んでいくのを止めたいと、美術館の建設に着目したという。

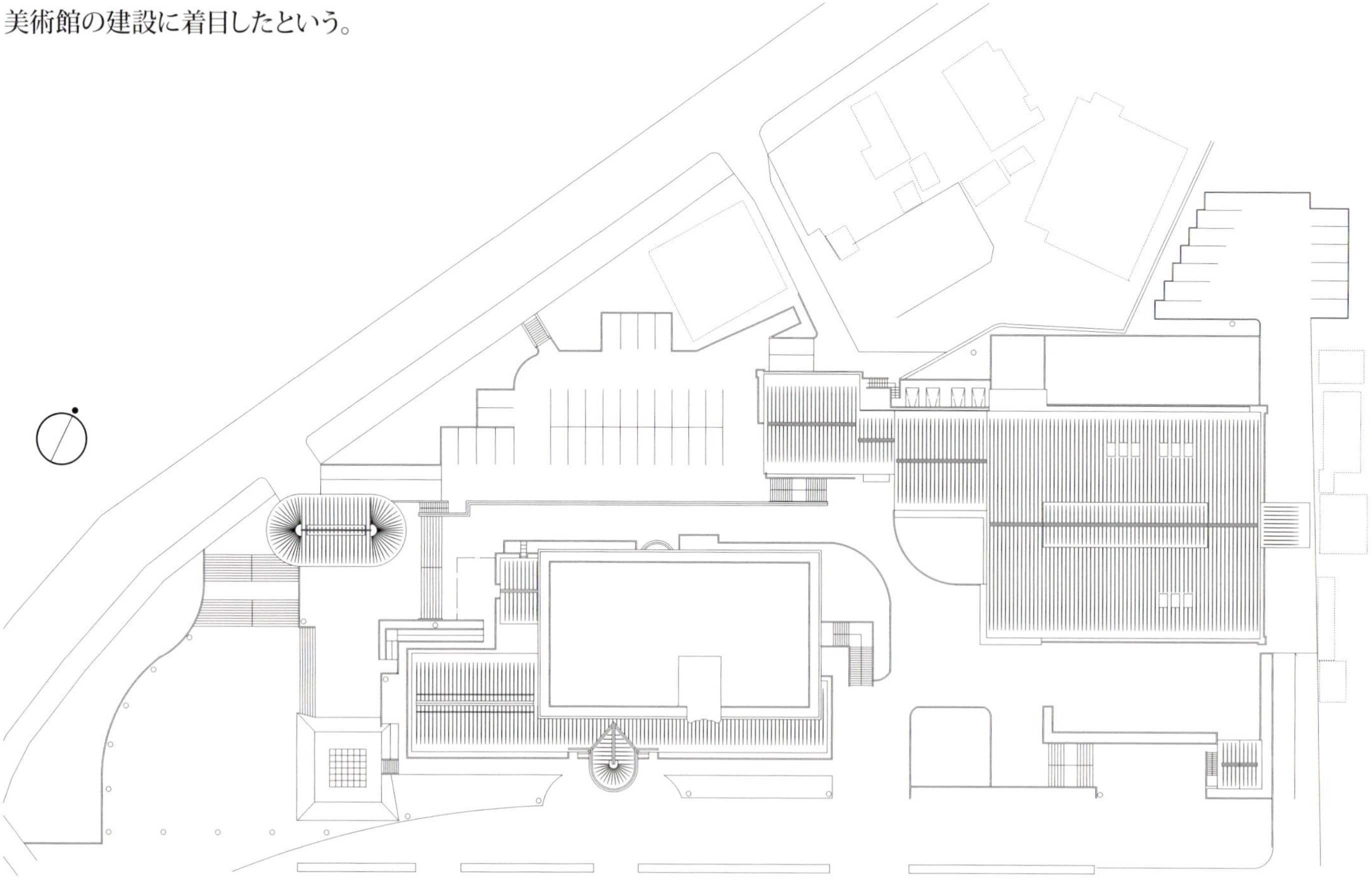

配置図　1：1000

陸屋根部分は既存図書館。これを取りこんだコンバージョン計画で、児童閲覧室とブラウジングコーナーを鉄骨造で増築した。増築部の意匠は新築の美術館に倣っている。
図書館背面の斜面を人工地盤路で修復し、路肩にあった既存のメタセコイアを並木として回遊動線をつくった。この回遊動線の下部はパーキングスペースとして利用している。

美術館エントランス・ポーチ。左手に進み降りるとパーキング、折れるとメタセコイアのプロムナードを経て図書館北入口、軽食喫茶棟、モニュメントの広場に至る。

北立面図　1：500

エントランスホール入口。

エントランスホールのガラス扉を通して回遊動線、その先に軽食喫茶棟が見える。

南立面図

上：オニックスの光天井のアートホールは演奏会等にも使われる。下：展示室。
左：北側にある白砂敷きの屋外展示スペース。彫刻は淀井敏夫作「夏の海」。

図書館の裏手の土手肩に植えられていた既存のメタセコイアは足元が頼りなげであった。樹元を盛土し、人工地盤の回遊動線をつくった。図書館もこの動線に面して出入り口がある。土手の下部を駐車場として利用している。正面突き当たりは美術館、回遊動線の反対側に軽食喫茶棟がある。

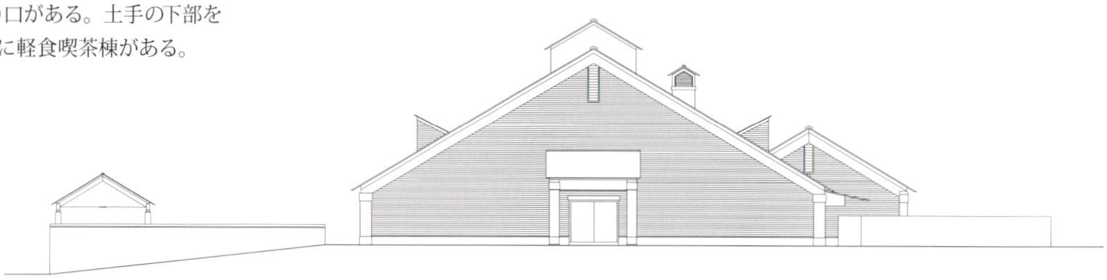

東立面図　1：500

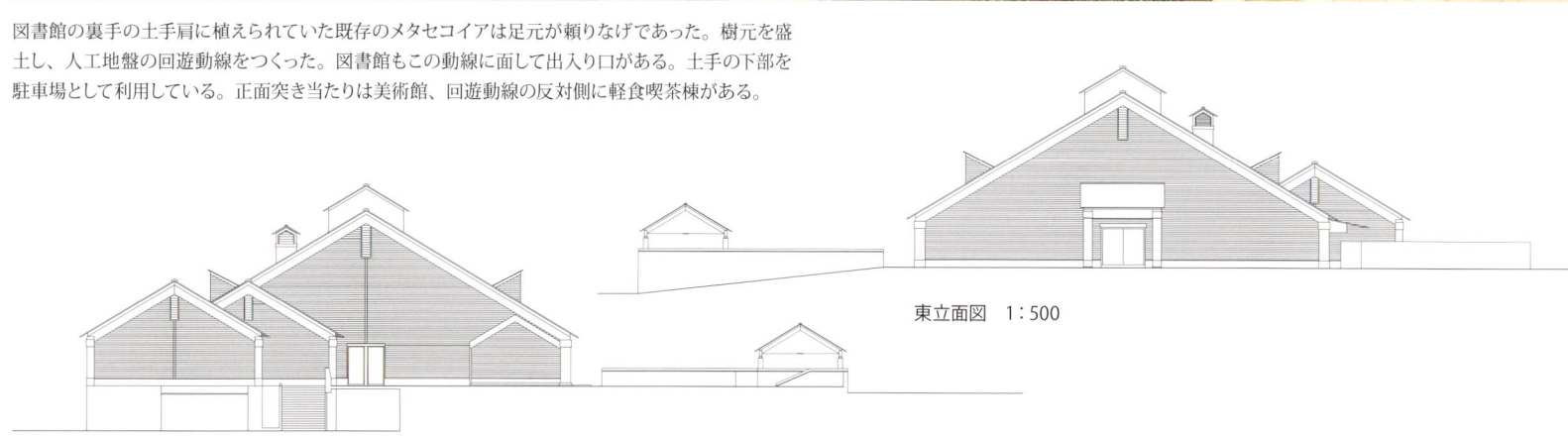

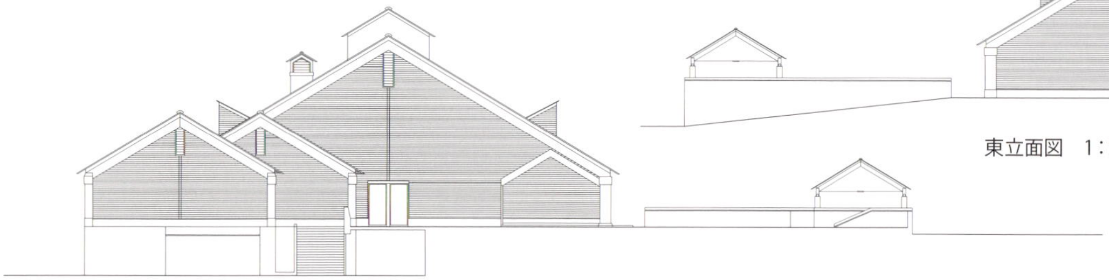

西立面図

美術館

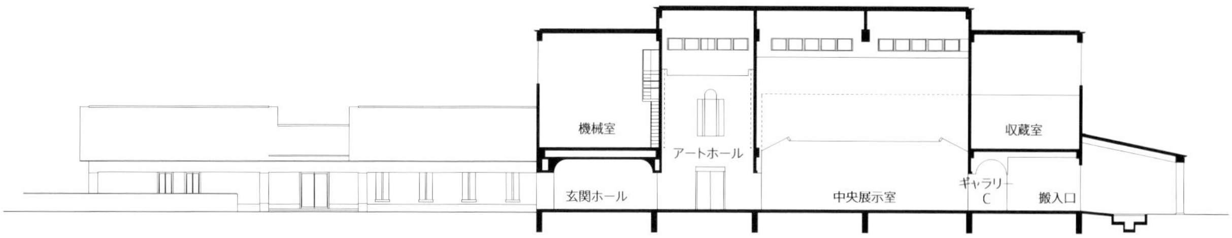

断面図 1

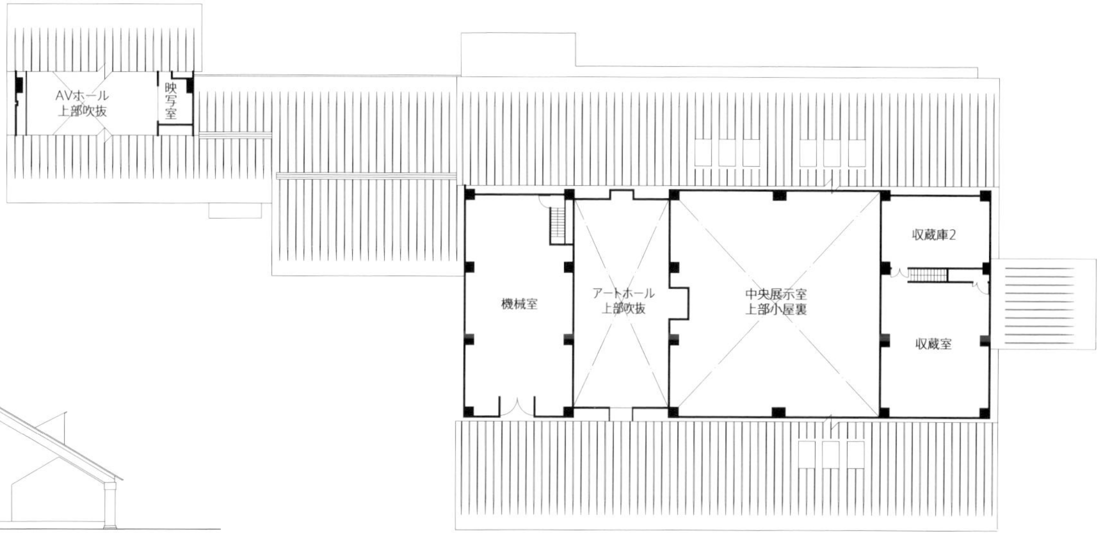

2 階平面図

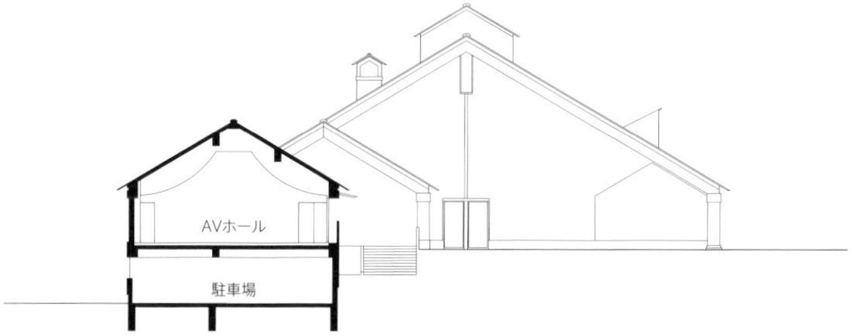

断面図 2

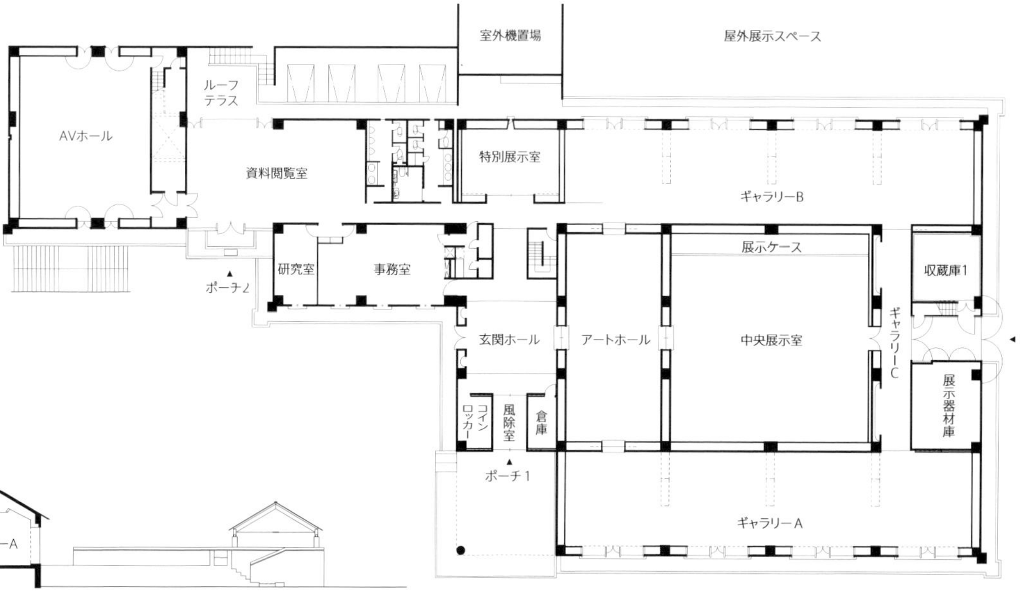

1 階平面図　1：500

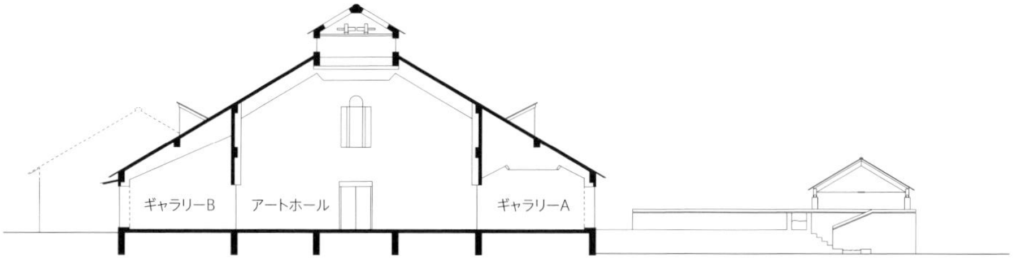

断面図 3　1：500

図書館

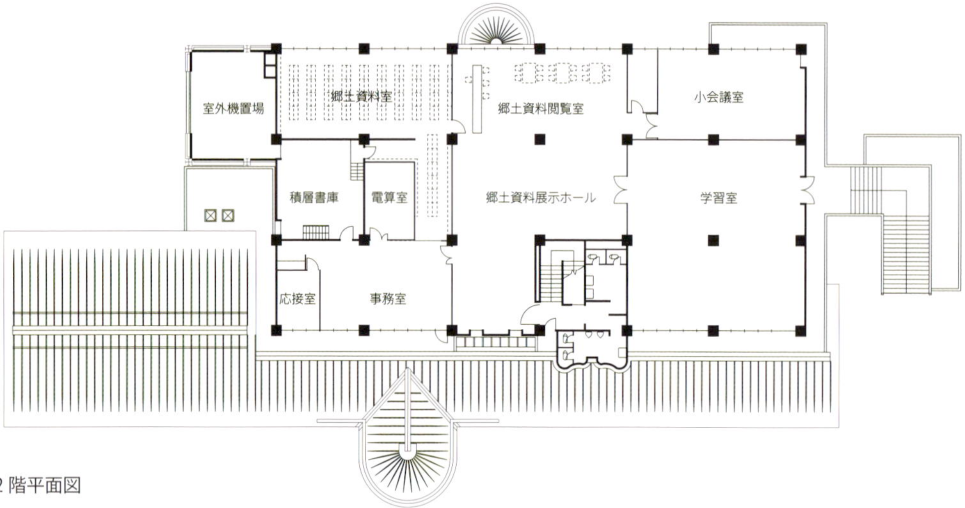

2 階平面図

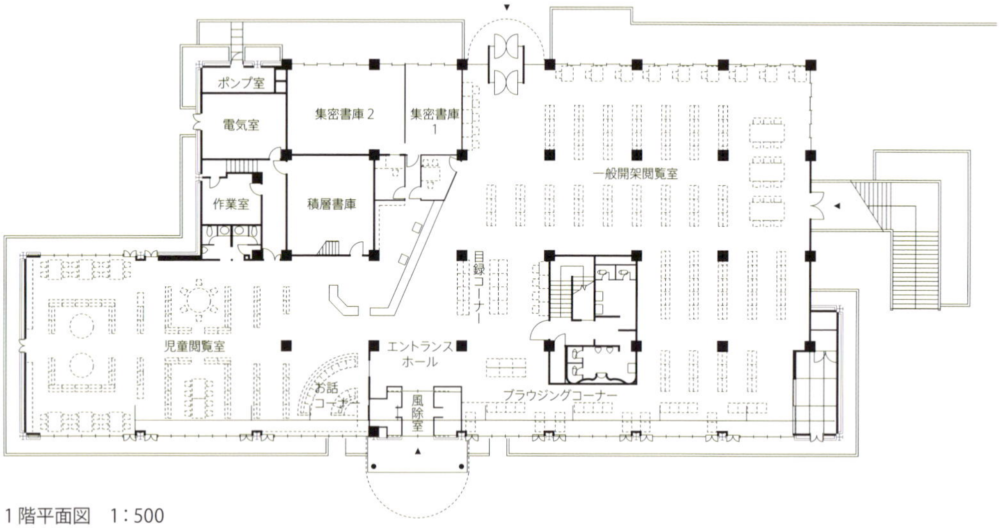

1 階平面図　1：500

増築スペースの児童閲覧室。

南立面図　1：500

上：文化エリアの正面側外観。下：新築部分のデザインに合わせて旧図書館の正面入口を新しくした。

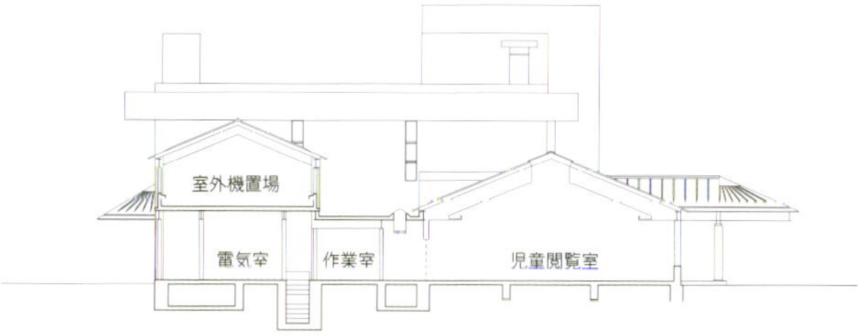

断面図　1：500

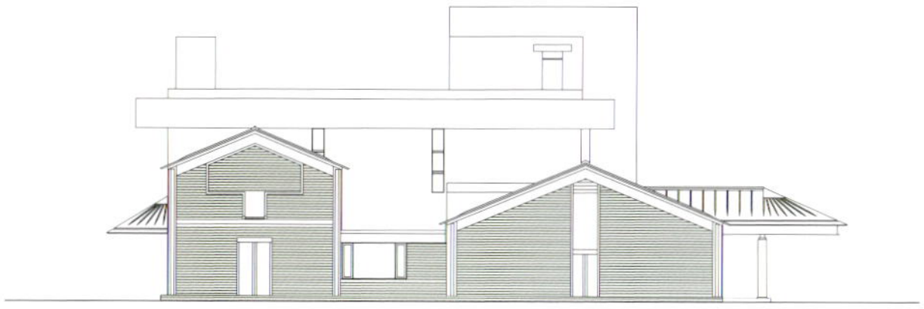

西立面図　1：500

盛土して既存のメタセコイヤを生かした回遊動線。正面は軽食喫茶棟。下はその内部。
右頁：ふるさと創生資金の一部でつくった市民の願いのモニュメント。この土地の歴史を象徴するように「発展・生命力・祭・愛着」を造形のキーコンセプトとしている。夜は内部点灯により異なる表情を見せる。広場の奥の小建築は軽食喫茶棟。

軽食喫茶棟

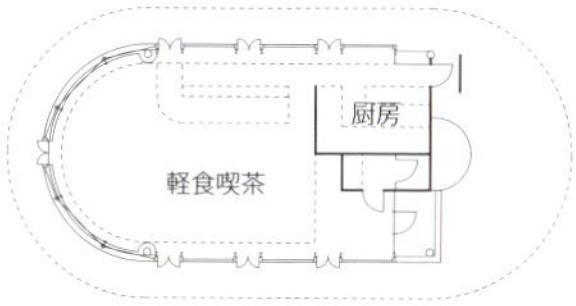

平面図　1：500

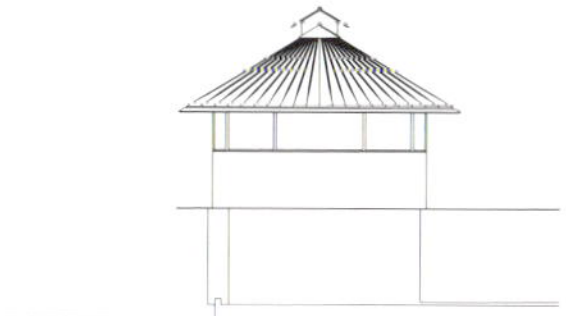

西立面図　1：500

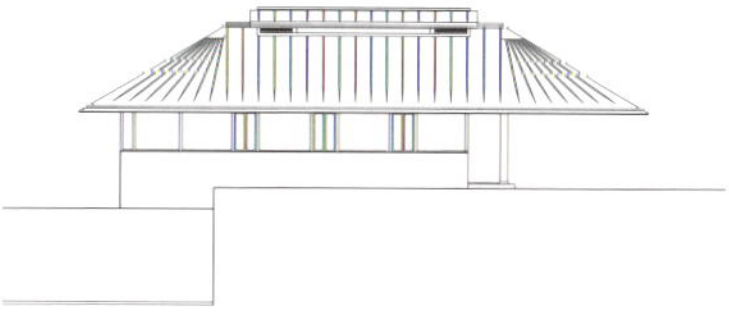

南立面図

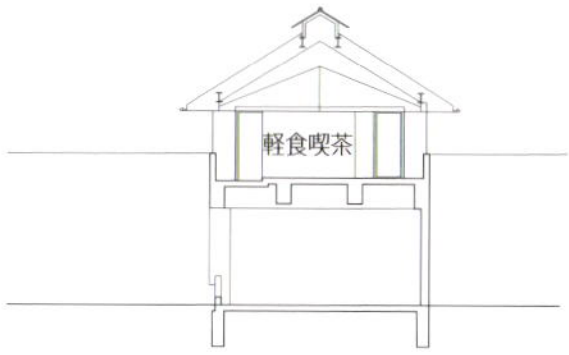

断面図 1　1：500

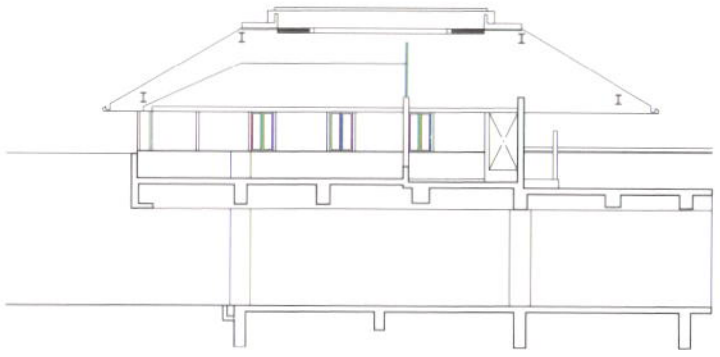

断面図 2

嘉麻市立碓井琴平文化館 | 1996

嘉麻市立織田廣喜美術館・碓井郷土館・碓井平和祈念館・碓井図書館

福岡県嘉麻市

敷地は炭坑跡地のボタ山、窪地を埋めたてた造成地で、セイタカアワダチソウの原っぱだったが、一株の笹が自生しているのを見つけた。
そこで造園主木を孟宗竹とし、根締を熊笹、おかめ笹とした。これは正解だった。竹類は酸性土壌に強い。こうした条件に基礎のコンクリートも対処している。

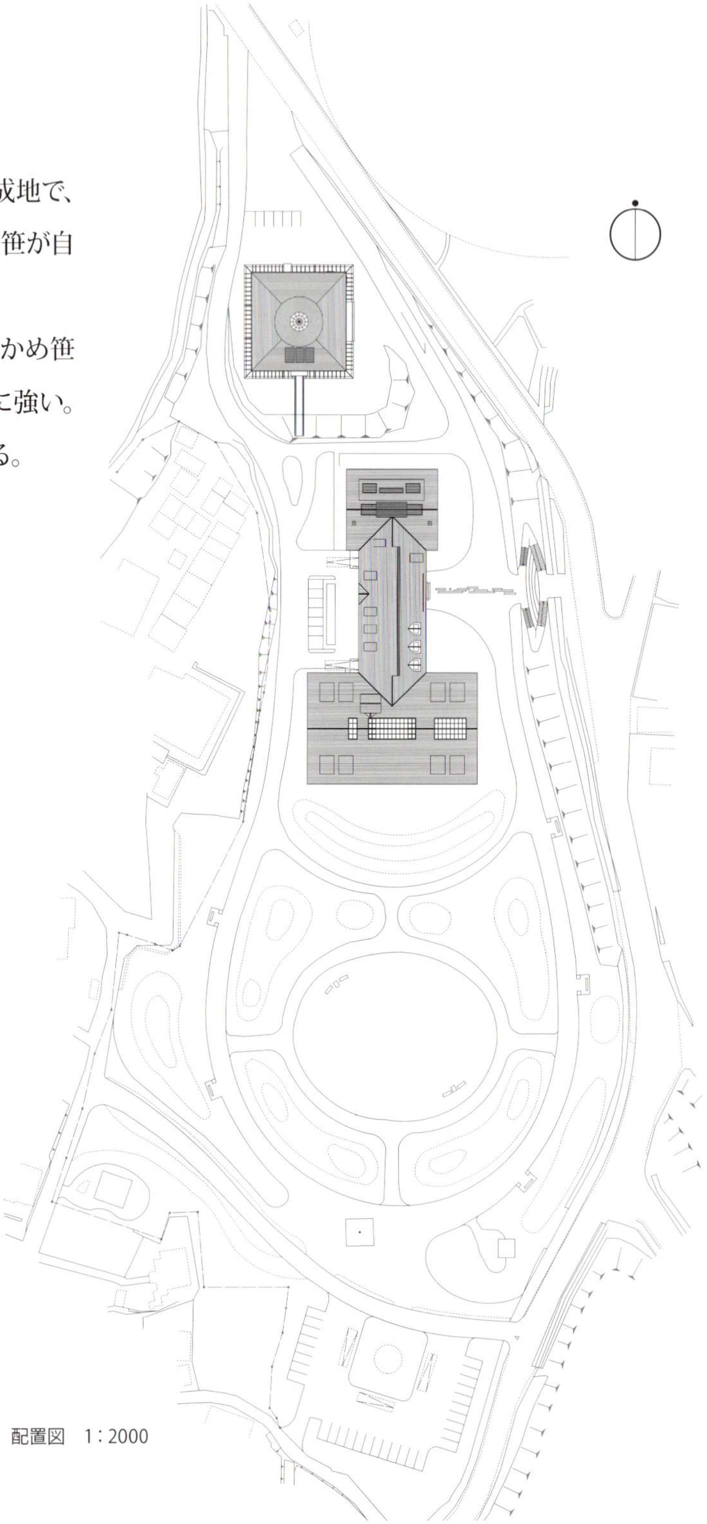

配置図　1：2000

近くに石灰の産地があるので、漆喰とフランス産の天然スレートを使ってみたいと思った。孟宗竹、熊笹、おかめ笹は共々よく茂って、かつてのボタ山は今では見違えるような緑の公園になっている。

織田廣喜美術館・碓井郷土館入口。織田画伯の神幸祭の絵を見たとき、華やかな日本的なフィーリングを感じ、それがデザインのベースになった。

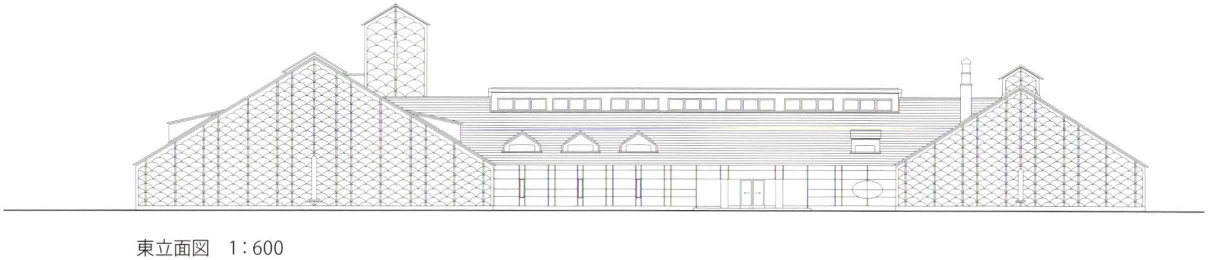

東立面図　1：600

左頁：妻面は漆喰塗りの大きな壁になるので、コンクリートの収縮クラック誘発目地と漆喰塗りの工程に配慮して、直径 1.2m の青海波（せいがいは）模様とした。青海波はステンレス目地捧でパネル幅は 2.4m、この目地合わせがコンクリート目地に合致している。

エントランスホールの壁・天井は白漆喰、床・幅木は白大理石。

天然大理石貼りの光天井（ホール1）。

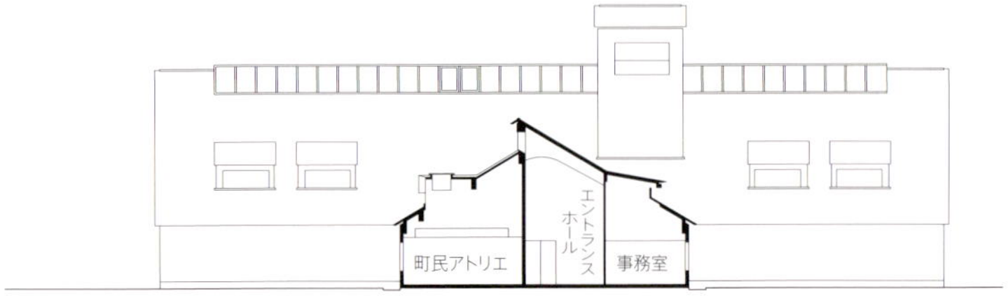

断面図1　1：600

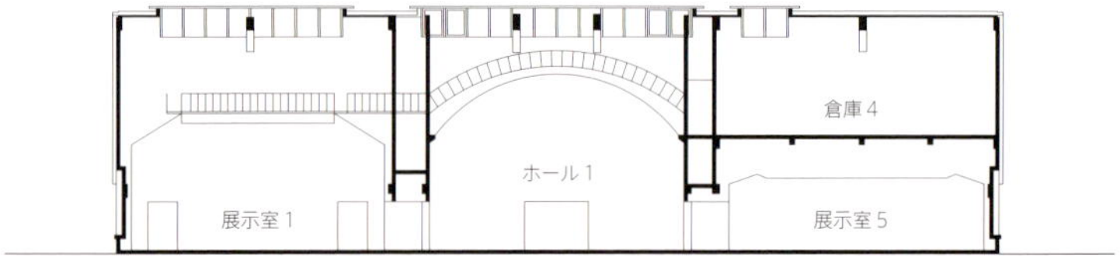

断面図2

大作の展示室は紫外線をカットした自然光を活用している。

青海波上部は目地捧より5mm 控えて水切りとし、下部は目地捧摺り切りに漆喰押さえで、壁の汚れも清海波を描くようにしている。

西立面図　1：600

断面図3　1：600

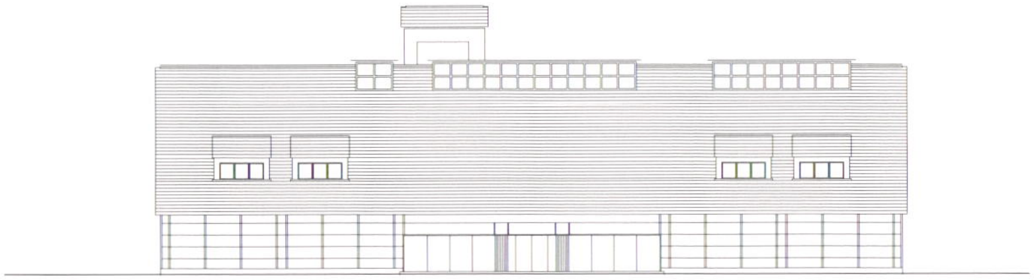

南立面図

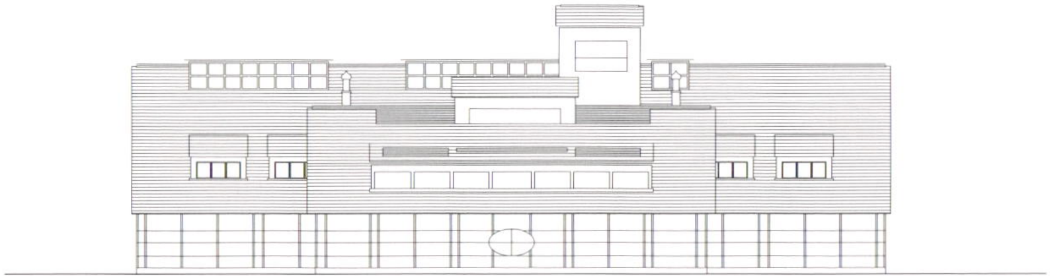

北立面図

美術館南側外観。

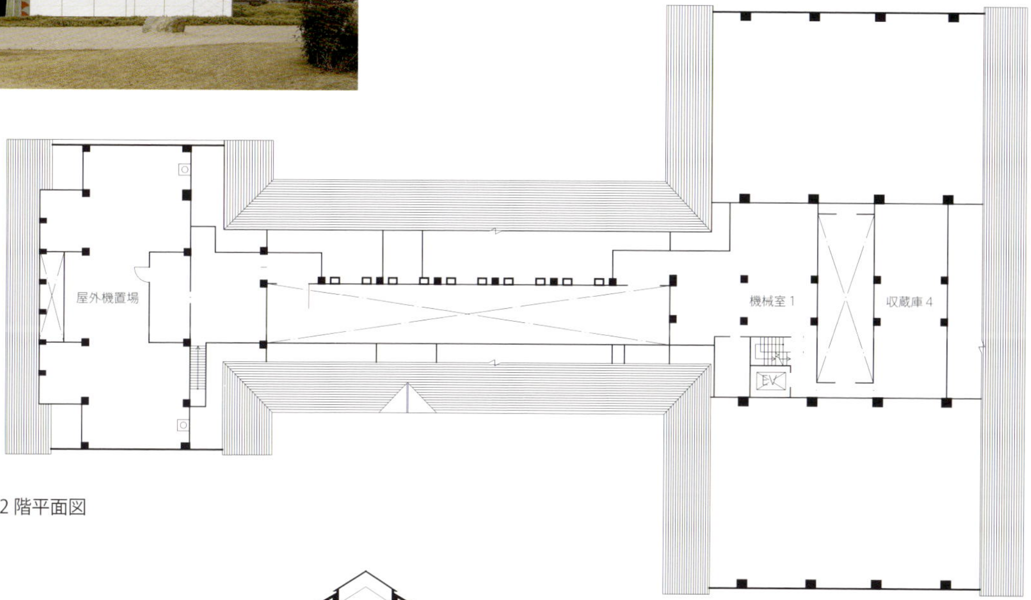

2 階平面図

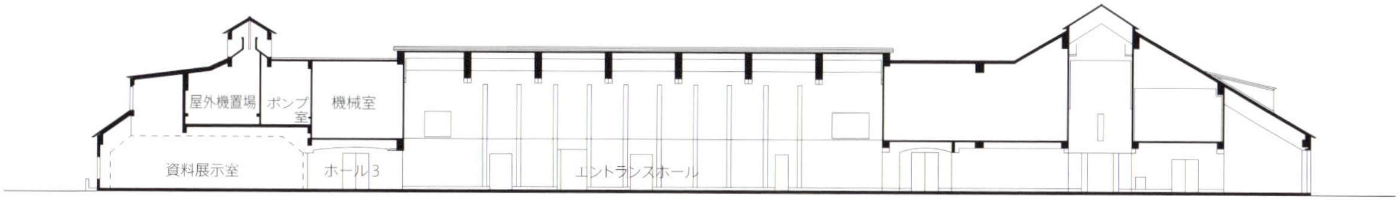

断面図 4

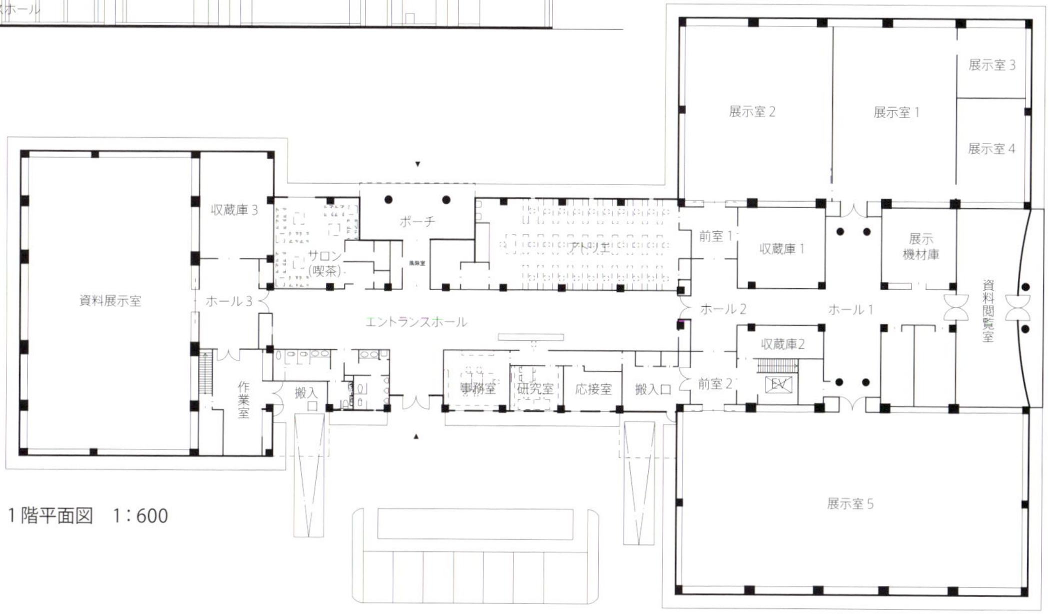

1 階平面図　1：600

左：2階の平和祈念館で遺品等の実物展示を見て、1階の図書館で史実を確認できる。両館の様子がそれとなく窺えるように開口を設けている。
下：平和祈念館回廊。
右頁右：図書館・平和祈念館棟南側外観。2階の祈念館は原爆の火の灯るブリッジからも入ることができる。
右頁左：図書館のカウンター式テーブルは敷地の段差を生かした植栽の緑と向かい合う。

図書館・平和祈念館

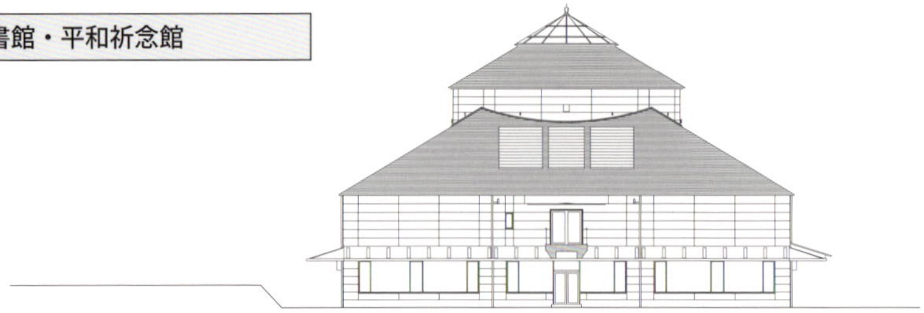

南立面図

東立面図

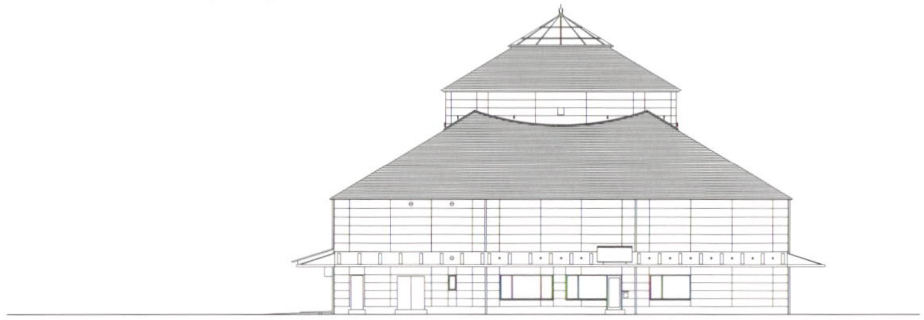

北立面図　1：600

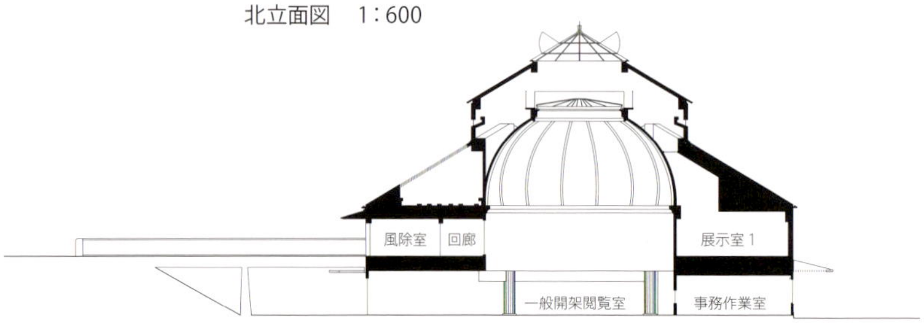

断面図　1：600

郷土館から見た図書館棟全景。

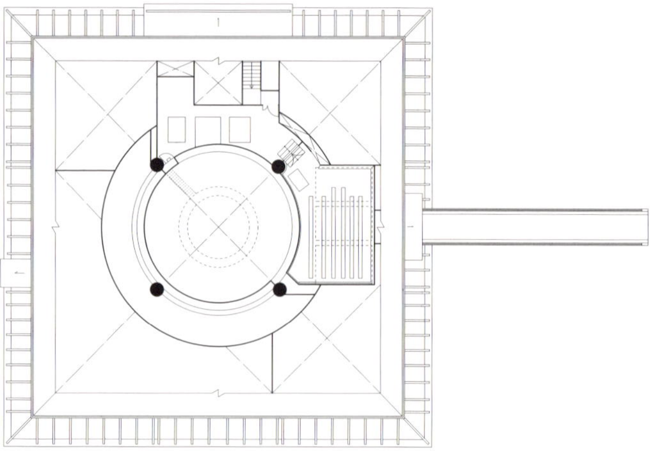

PH 階平面図

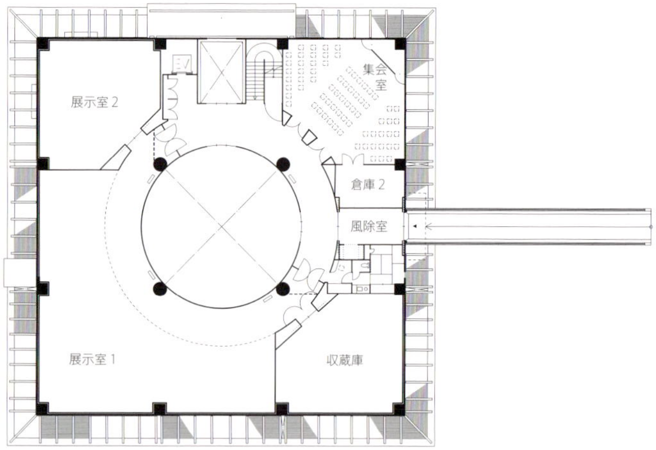

2 階平面図

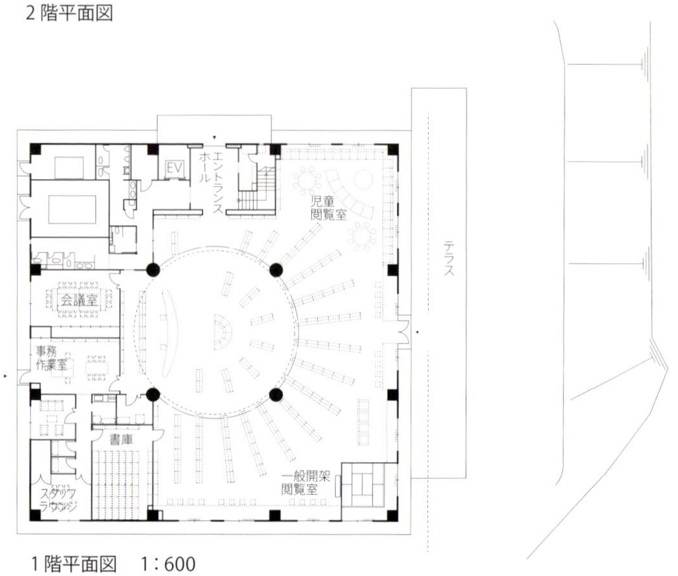

1 階平面図　1：600

滋賀 **大津 木戸** 市民センター／デイサービスセンター

滋賀 **今津** 家族旅行村

滋賀 **東近江** 健康福祉ゾーン

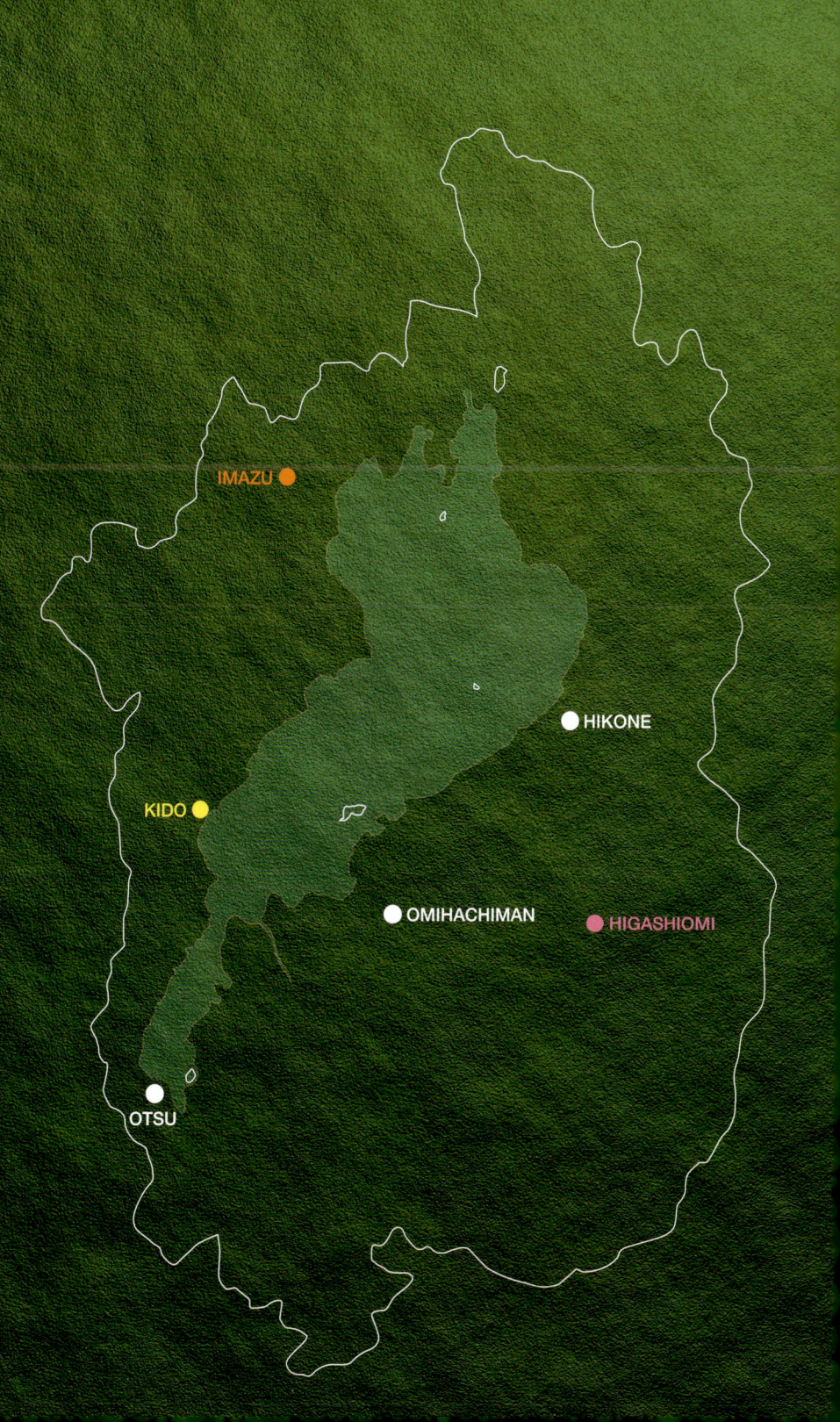

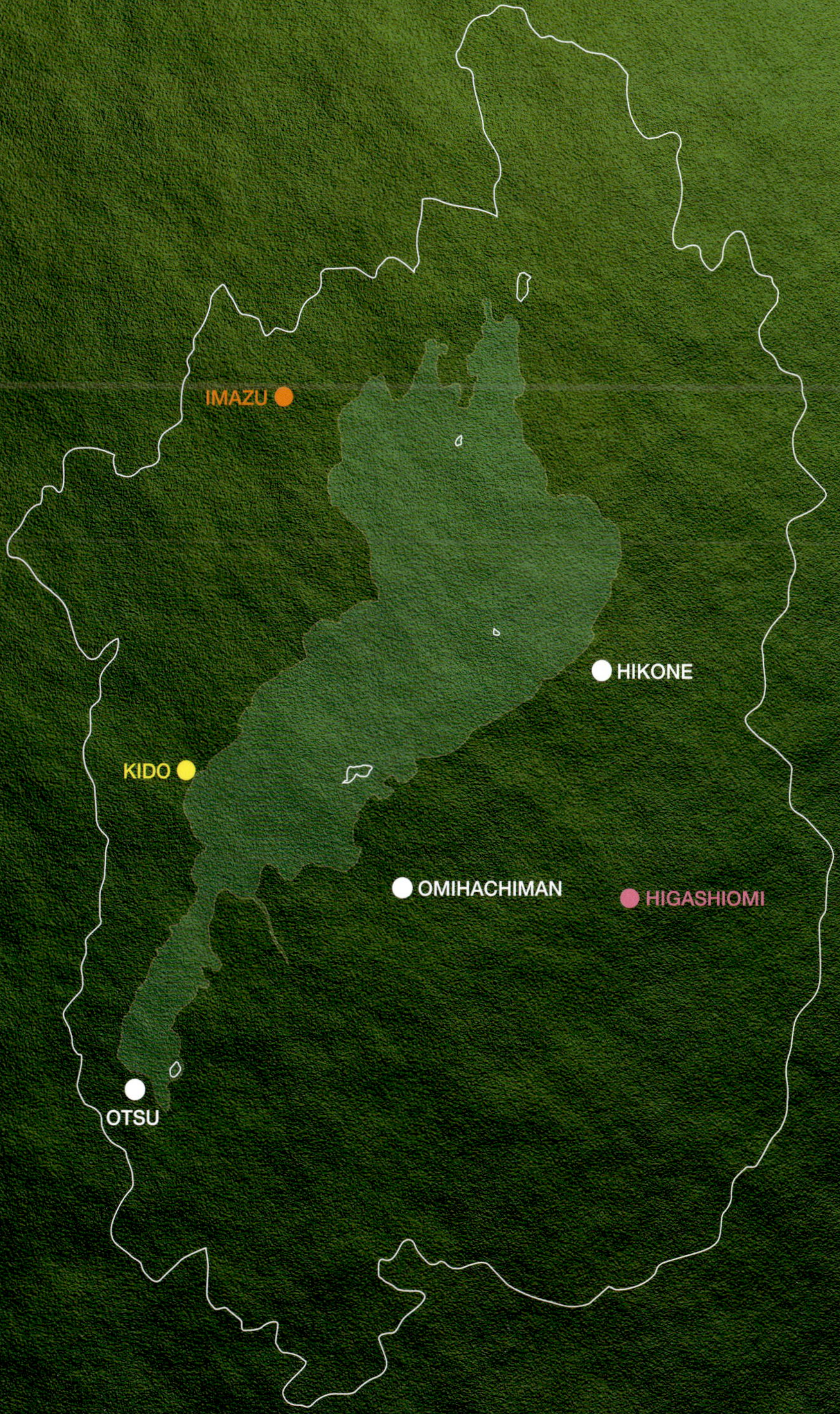

大津市木戸市民センター｜1999

滋賀県大津市木戸

春秋２回、すさまじい季節風が後部の比良山系から琵琶湖に向かって吹き降ろす。立って歩けないほどの風だ。この建築はこうした風から人々のアプローチを守るように配置されている。
豊かな覆流水を活用して、前庭アプローチに池を設けたが、この方角は南東にあたり、夏の暑さ、冬の厳しい寒さを和らげる効果がある。なんといってもここは琵琶湖周航の歌で知られる白砂青松の町で、山から海への清流のイメージを大切にした。敷地に自生していた２本の山桜の大木も、配置計画の決断を促してくれた。

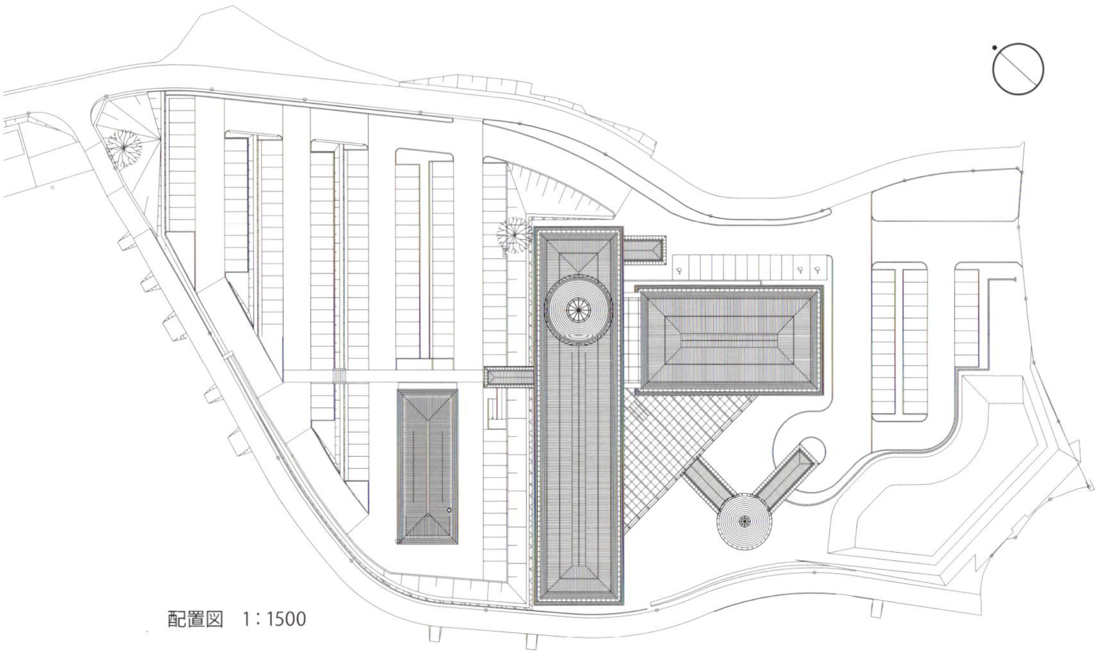

配置図　1：1500

「松は緑に 砂白き 雄松が里の 乙女子は…」の琵琶湖周航の歌のあたり、清い水と緑豊かな町の市民センターである。琵琶湖のかなたに伊吹山を見る。

「雪晴れの　比良は鋭き　山となり」
この季節の比良おろしは厳しい。

このガラス張りの建築は、さや屋根（二重屋根）やアトリウムの熱回収で暖房時 38%の省エネ効果をあげている。

公衆電話
FAX

開放的なロビー。住民と職員の交流が活発に行われるように意図した事務室配置は窓口もわかりやすく、それでいて落ち着いた空間を構成している。

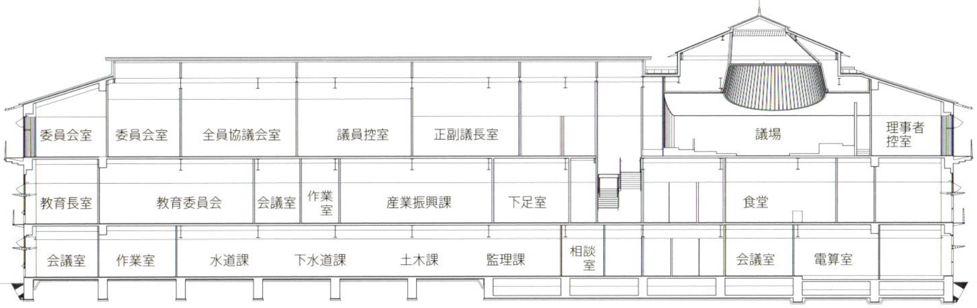

断面図1　1：600

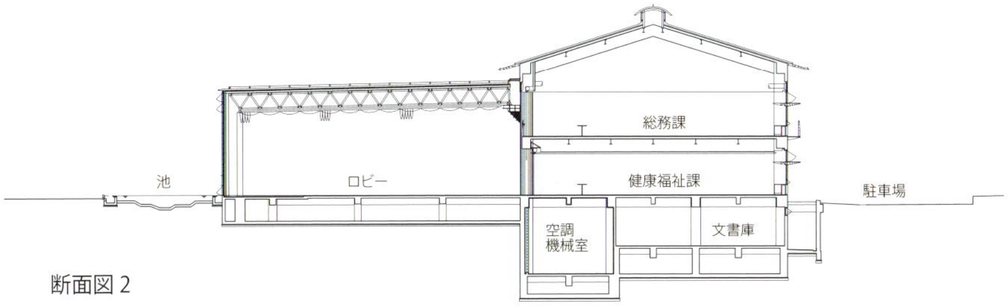

断面図2

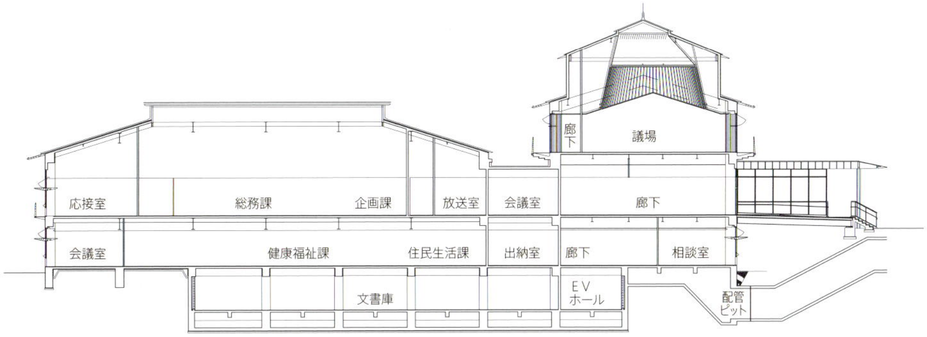

断面図3

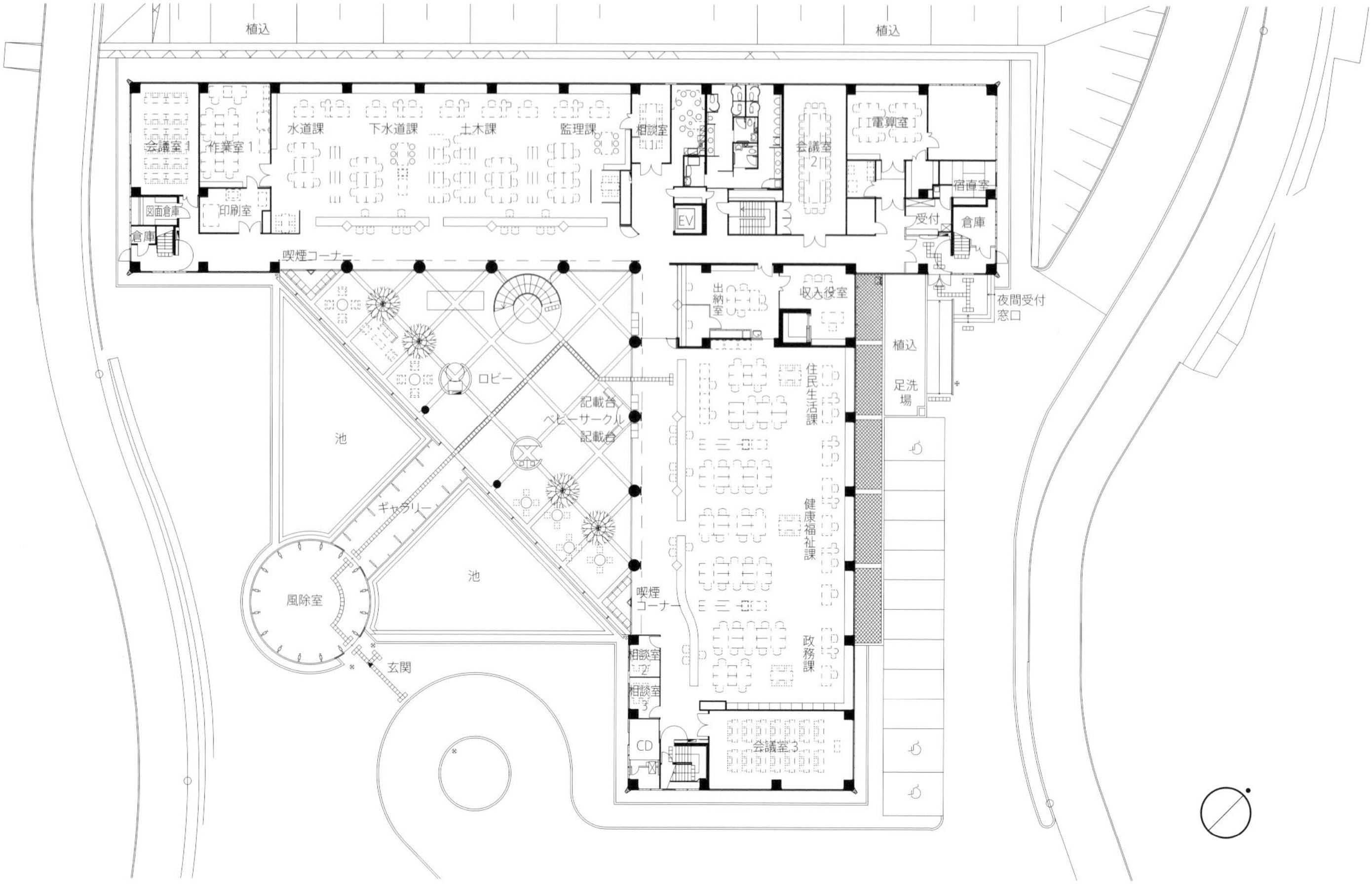

1階平面図　1：600

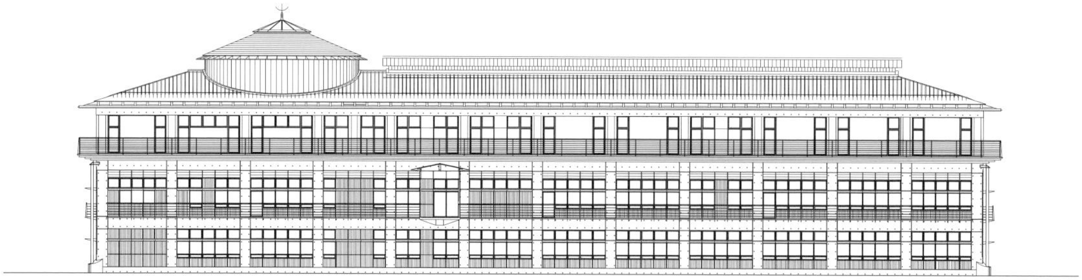

北西立面図　1：600

北東立面図

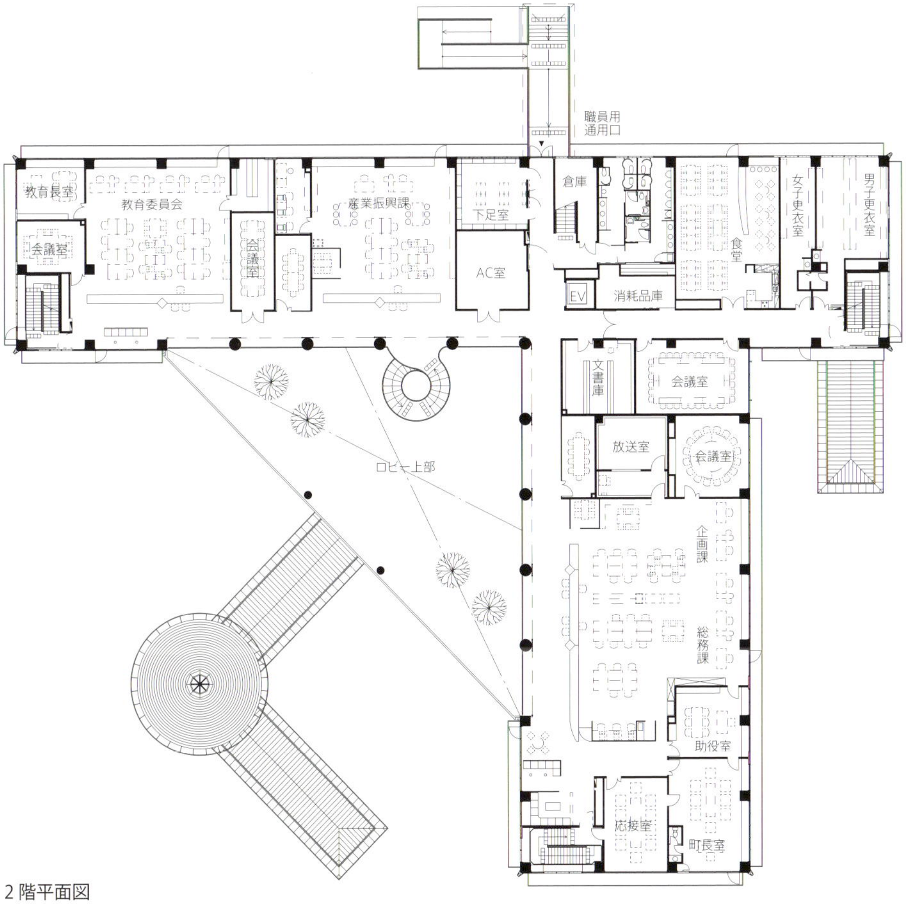

2階平面図

上：2階窓際のスペース。下：風除室。

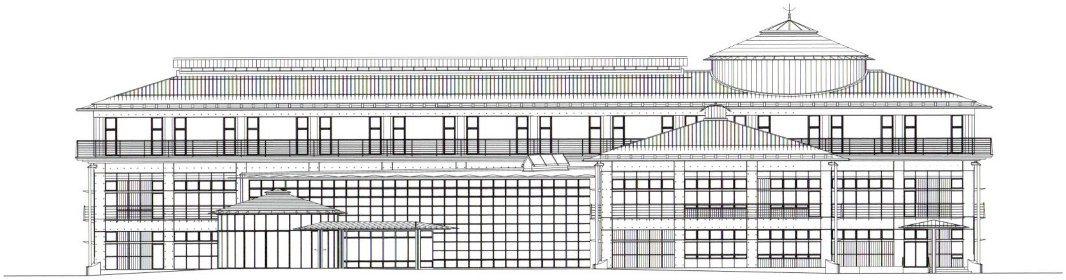

南東立面図

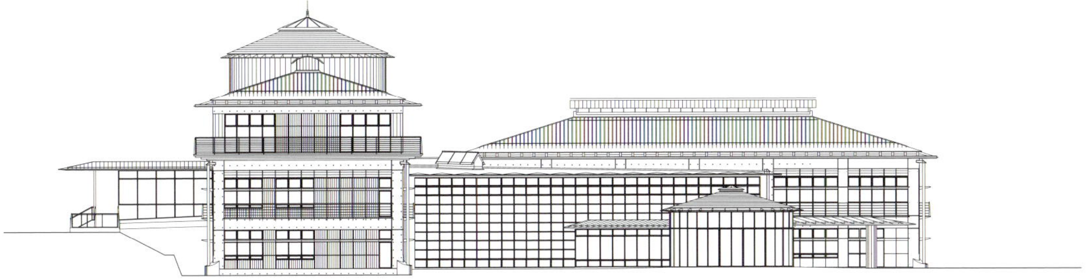

南西立面図

木戸デイサービスセンター | 1995

木戸コミュニティーセンター・木戸ヘルパーステーション・木戸障害者相談支援センター

滋賀県大津市志賀町

敷地は、瓦葺きの美しい集落の一角にある。
湖西地方にはこうした集落が点在しているが、なかには、琵琶湖の外来魚さながら、国籍不明の建売住宅による蚕食も見られる。この集落は、氏神社の参道を含めてよくまとまっている。集落を構成する住宅の規模に配慮して、施設は分節化している。

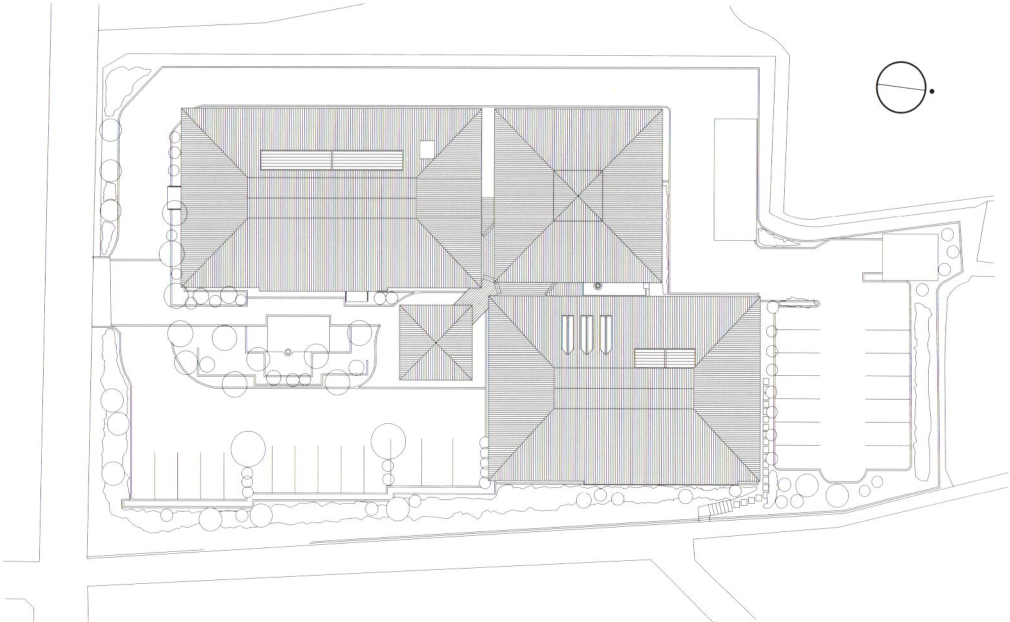

配置図　1：800

木戸デイサービスセンターのある集落は、pp.76-77 大津市木戸市民センター空撮写真の右手に見える集落である。

この集落は比良山系に守られているが、山々の構成する地形によって季節風の吹き方は大きく異なる。
集落の民家のスケールを驚かさないように、３分割したブロックプランを採用した。池の水は前面道路沿いの水路から引き入れ、一巡して水路に戻る。「一村を　駆けぬけて来し　落し水」

正面はデイサービスセンター棟。越屋根はくつろぎ空間の明かり取りと換気窓。
材料は瓦と漆喰壁を採用し、鉄筋コンクリートの外壁は拘束壁（構造的に一体化された壁）として漆喰壁も目地なしに一気に仕上げた。

東立面図

西立面図

南立面図

北立面図　1：600

右上:ラウンジ1。くつろぎの空間は十分な気積と換気のためにこの地方の台所の煙出しに倣ったが、ここでは自然光の採光も兼ねている。
右下:小さな池に面したラウンジ2。
左:浴槽の水面の高さと屋外の池の水面の高さはそろっている。壁面は入道雲か、月の出ざしか。昔はみな琵琶湖で沐浴したものだった。

食堂、デイルームは南面し、参道の気配も感じることができる。

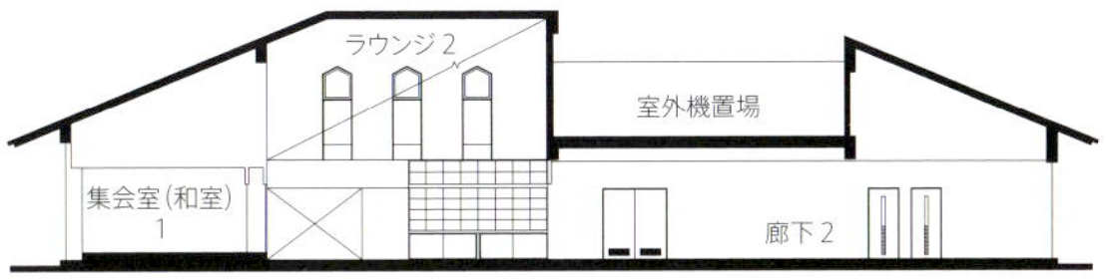

ふれあいセンター

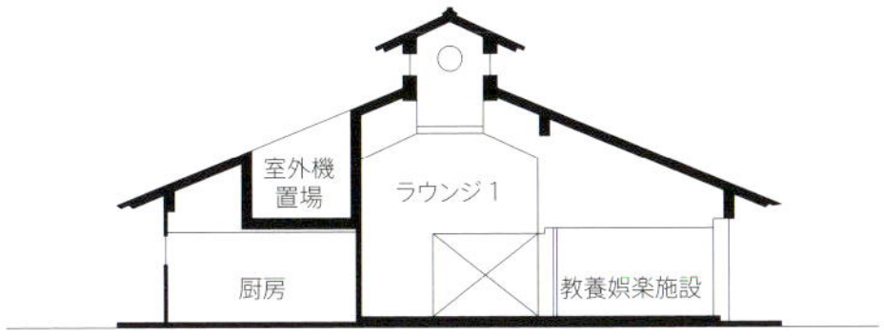

デイサービスセンター

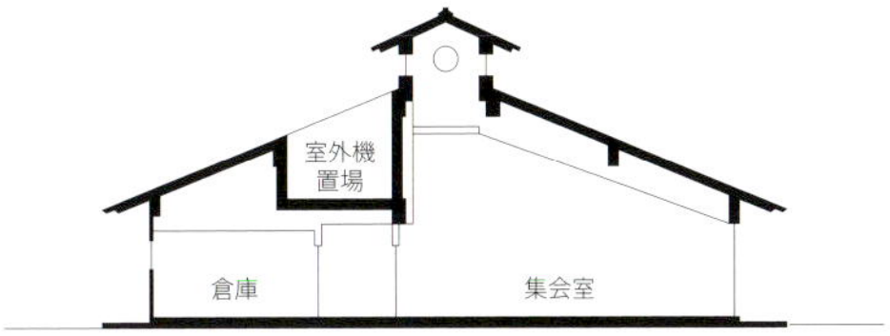

ふれあいセンター

事務室部分の越屋根は施設の要としてシンボリックな扱いとした。

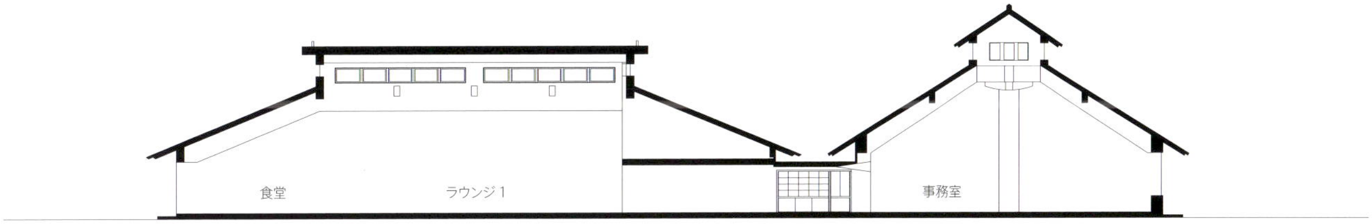

デイサービスセンター

断面図　1：400

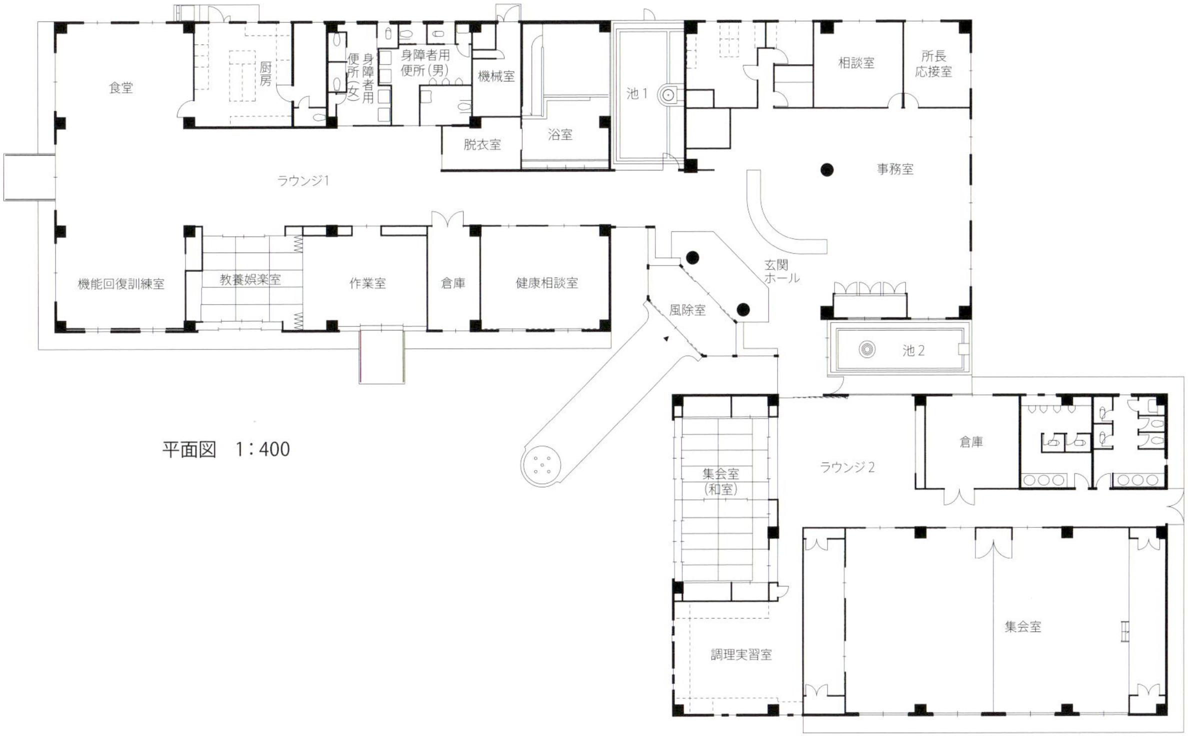

平面図　1：400

ビラデスト今津｜1994

森の交流館・森のふしぎ館・であいの館＋みのりの館

滋賀県高島市今津町大字深清水

琵琶湖の西北、今津の山上に位置する家族旅行村の施設群。
冬季には積雪２ｍにも達するが、宿泊棟、生産物棟等は、この地方の木造在来工法とし､屋根勾配も強く､床も積雪に備えて高くしている。
山中のことでもあり、落雷や嵐などの災害に備えて、森のふしぎ館は鉄筋コンクリート造とした。
ここから竹生島を含む琵琶湖のパノラマを楽しむことができる。

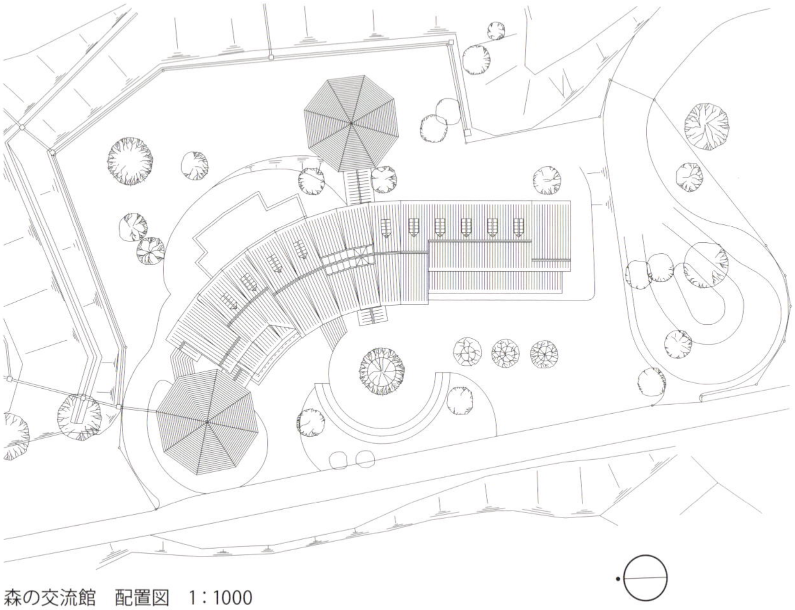

森の交流館　配置図　1：1000

造成の際に残されたブナの樹はこんなに大きく生長した。

宿泊室からの展望を重視し、森の交流館は
緩やかなカーブを描いている。
右上：研修室。
右下：レストラン前の廊下から研修室に至る。

宿泊棟の踊場から１階ラウンジを見る。
この地方の在来和小屋とした。

森の交流館

西立面図

東立面図　1：500

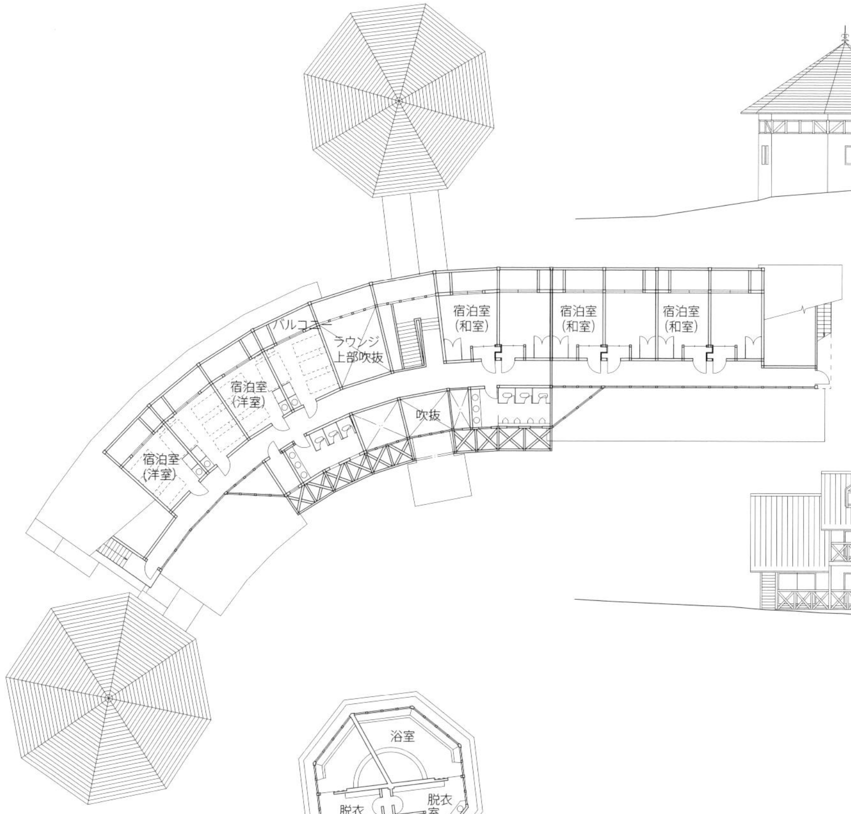

2階平面図

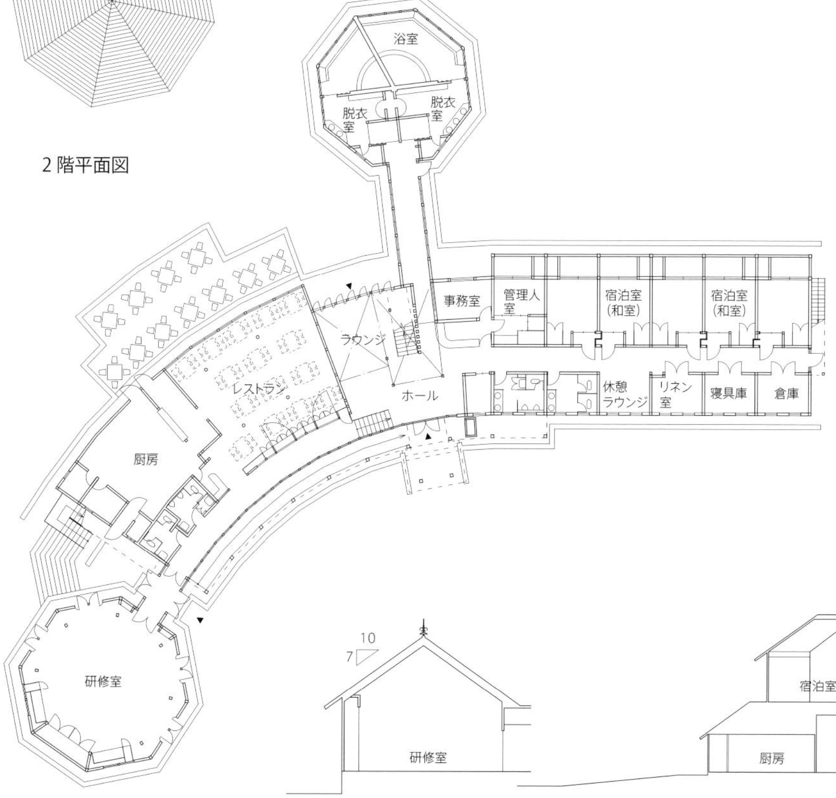

1階平面図　1：500

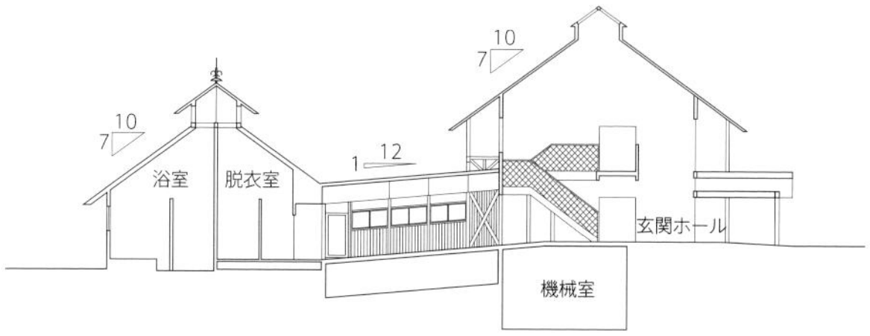

断面図2

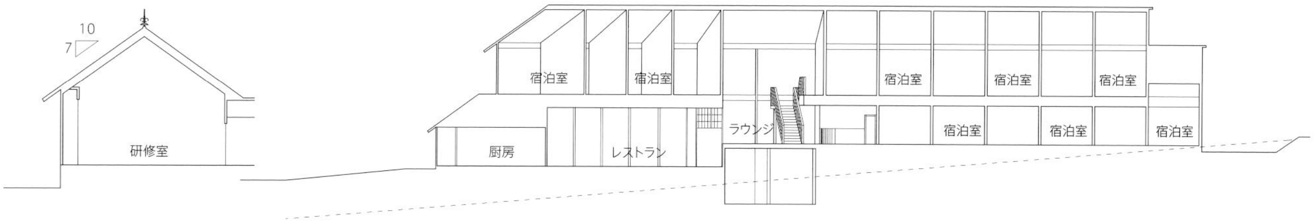

断面図1　1：500

上：森の交流館の宿泊棟と浴室棟。積雪、落雪に備えて屋根勾配は強く、足元は雪溜まり、防雪のため、バルコニー、手摺りを設けているが、これらは宿泊室の個別化やプライバシーの確保も兼ねる。
右頁：手前に、であいの館・みのりの館、上方に森の交流館を見る。このあたりは杉の造成林。宿泊室からは原生林を越えて遠く白山を望むことができる。

上：みのりの館・であいの館。下：みのりの館の小屋組み。

みのりの館・であいの館

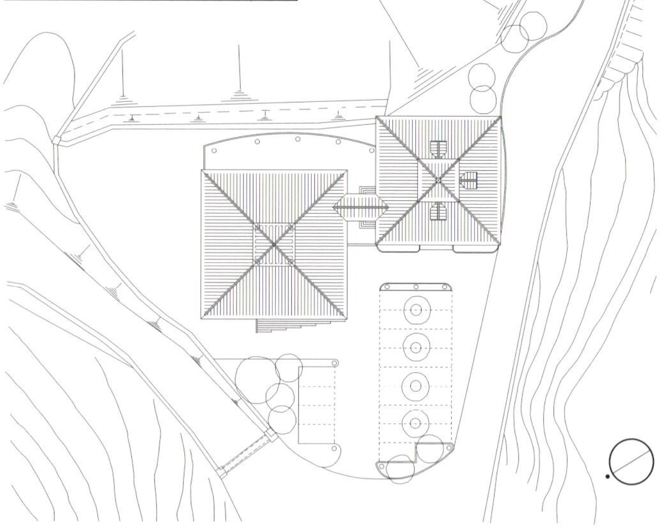

配置図　1：800

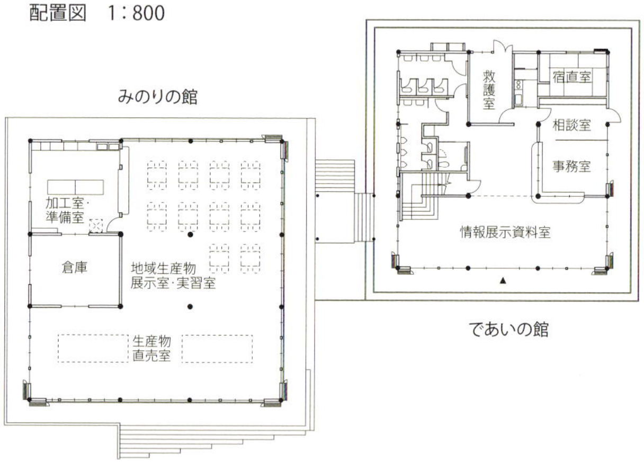

1階平面図　1：500

西立面図　1：500

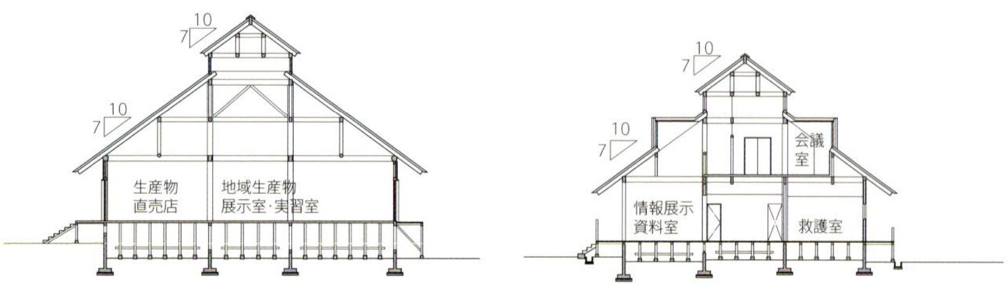

断面図 2

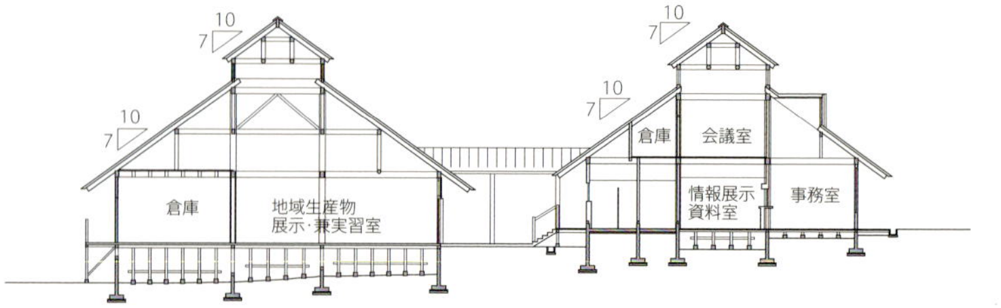

断面図 1　1：500

森のふしぎ館

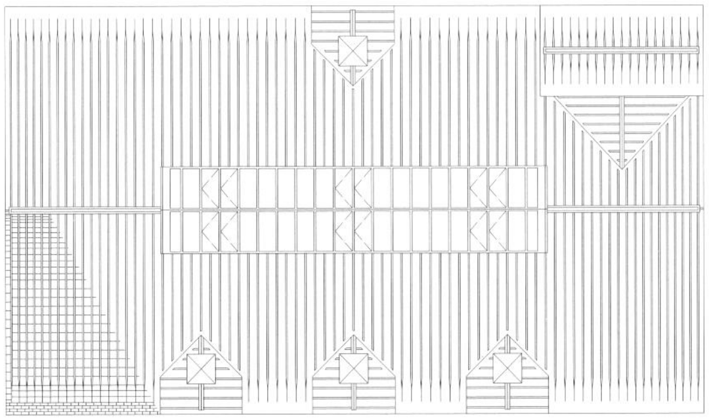

屋根伏図

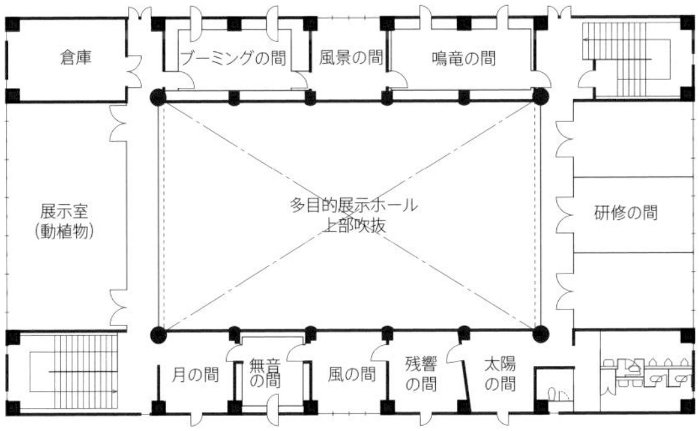

2階平面図

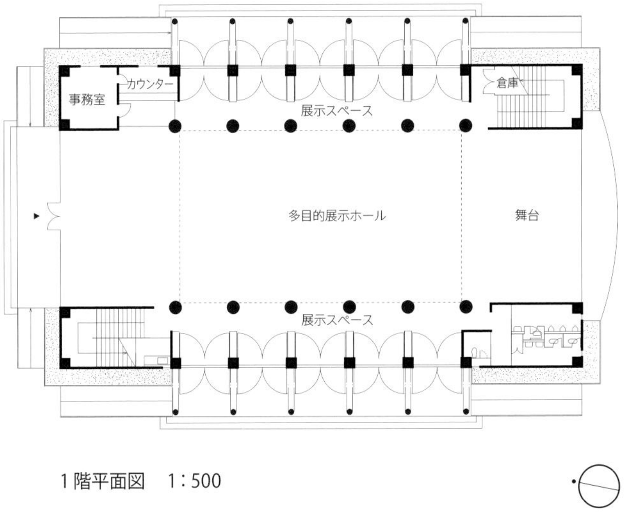

1階平面図　1：500

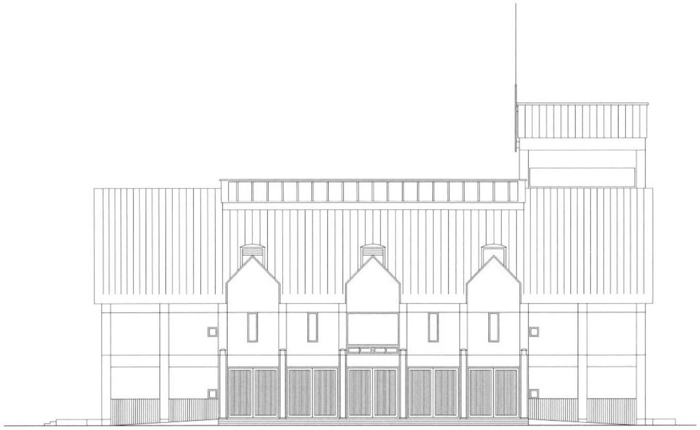

西立面図　1：500

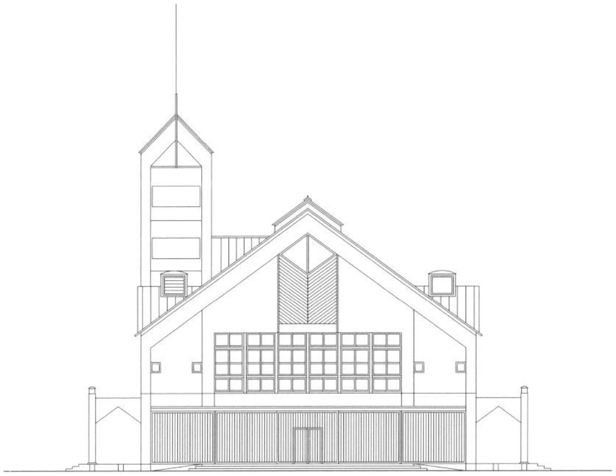

北立面図

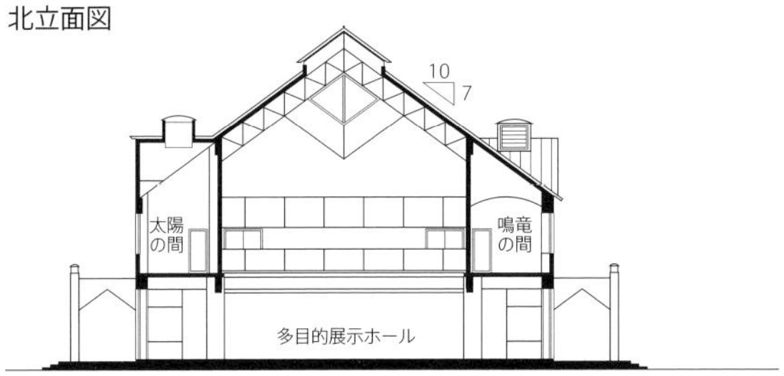

断面図 2

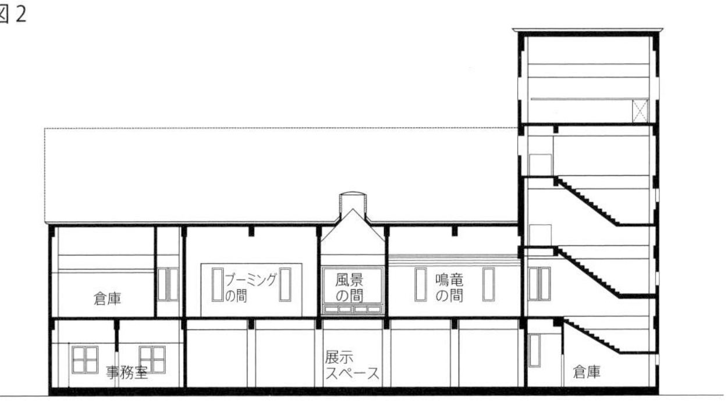

断面図 1　1：500

左頁：里からのアプローチより雪景色の森のふしぎ館を見上げる。
右：森のふしぎ館の2階は、ギャラリー、太陽の間、風の間、エコーの間、ブーミングの間など、森の自然現象に目を向けるような仕掛けをした。1階は雨天運動場、展示、パフォーマンスの観覧席、災害時の待機場等を兼ね、また外部のテラスと一体化して利用することができる。

東近江市愛東けんこう福祉ゾーン ｜2000

あいとう診療所・愛東町総合福祉センターじゅぴあ・愛東町防災センター

滋賀県東近江市妹町

敷地は換地整地がなされた平坦な地形で、北西に名神高速道路、北東側を流れる川を挟んで既存の庁舎、図書館がある。
健康福祉の施設として、アプローチからしてバリアーフリー、すべて平屋建てとしている。北側からのアプローチになるので、ロビーには天窓を連続させて、明るい日溜り空間とし、人々をやさしく迎え入れている。

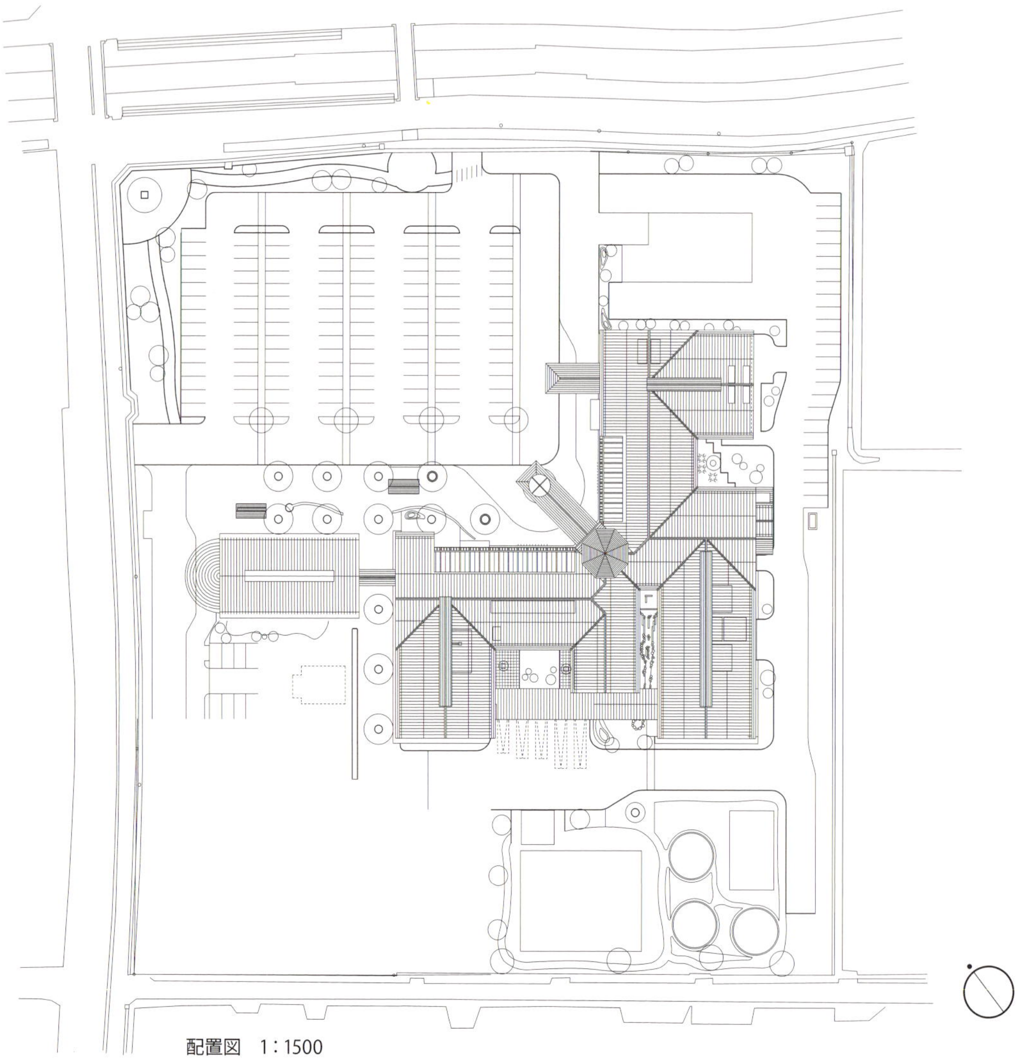

配置図　1：1500

屋根のつながった部分が総合福祉センター。その右上方の一画は既存の医師住居と今回加わった診療所。手前は防災センター。

滋 賀 共 電 機

上：東側全景。
118-119頁：西からの全景。

東立面図　1：600

南立面図

上・下：北側外観。

西立面図

北立面図

上・下：ふれあい交流サロン（アトリウム）。

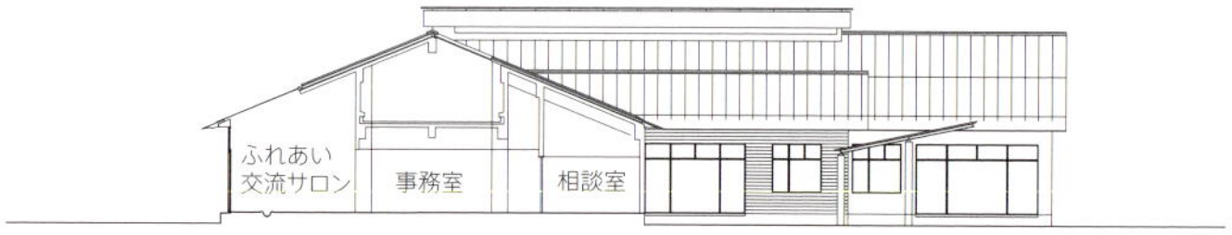

断面図1　1：600

主出入口は北側に位置しているが、天窓から直射日光が降り注いで明るい。

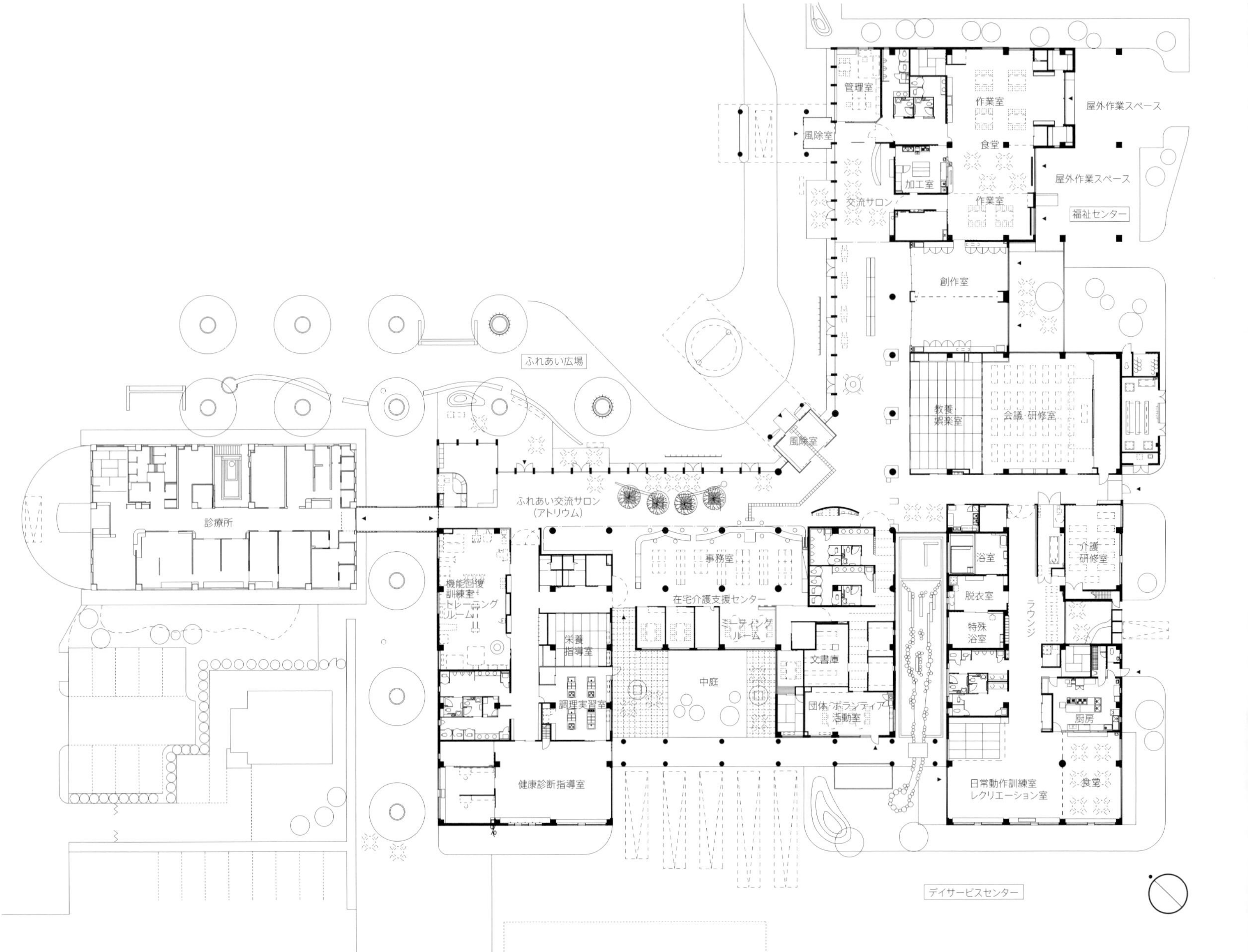

平面図　1：600

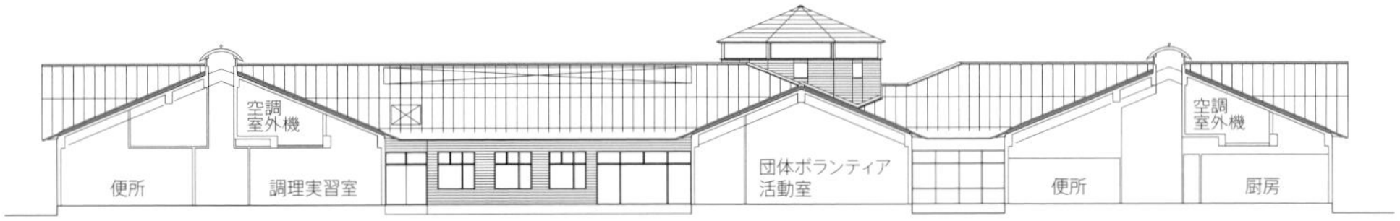

断面図２　1：600

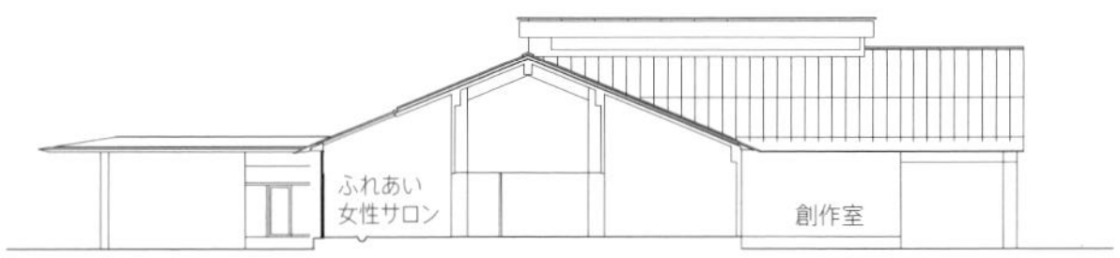

断面図３

兵庫 **神戸** 工場

兵庫 **神戸六甲アイランド** 美術館

京都 **夜久野** 文化・健康福祉複合施設

愛知 **稲沢** 美術館

ぼんち神戸工場 | 1984/1992

兵庫県神戸市西区

神戸市が開発を進めてきた西神工業団地の一画。2方道路で、背面は隣の工場敷地、一方は水路をはさんで調整池に面している。工場の生産主力はぼんち揚げと称するヒット商品。日本の典型的な米菓だが、おかき、あられのもつノスタルジーに加えて、パーム油のちょっと舶来の感じがする。限られた工業生産材料で、こうした情感を表現したいと思った。
建築主と山形の素材工場見学の際、山寺（立石寺）の夕景に出合った美しい夕焼けが、この設計の原点であった。

東立面図　1：800

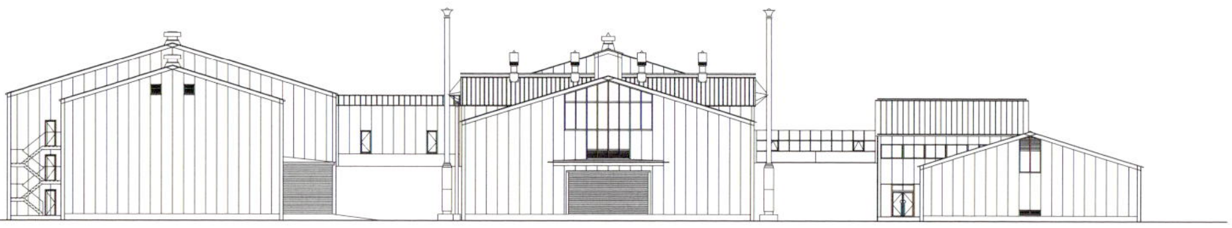

西立面図

この建築は、事務所を創設して最初に受命したもので、何かと想い出深い。
屋根は着色亜鉛鉄板の瓦棒葺き。壁は化粧鋼板パネルで、夕陽を受けて輝く。

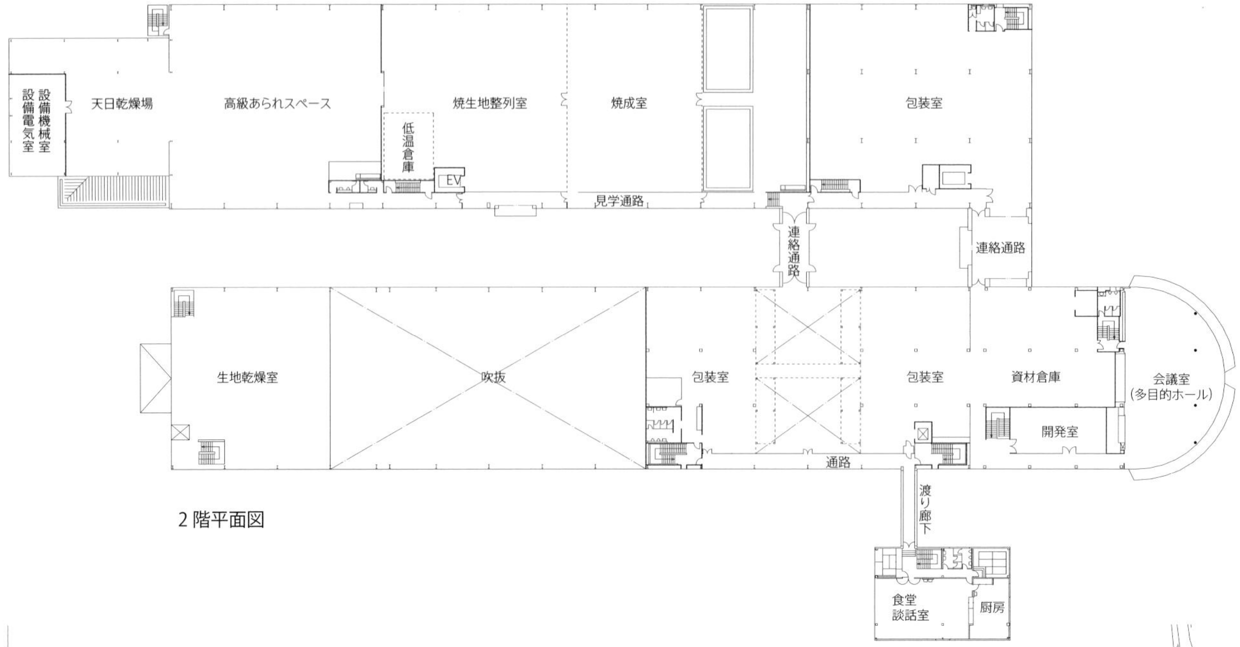

2階平面図

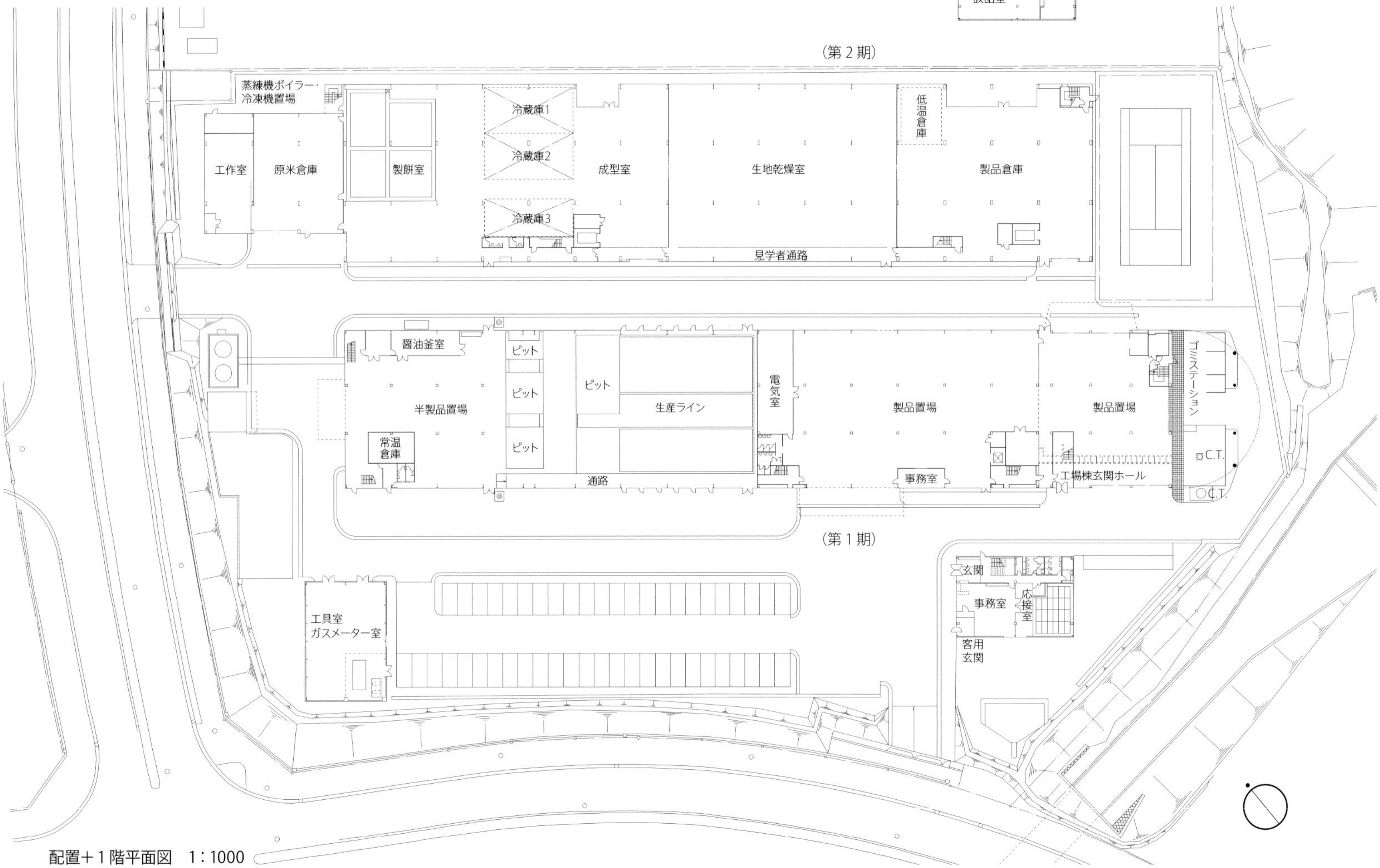

配置＋1階平面図　1：1000

上左：内外は１枚の断熱金属パネルで構成されている。パネルは縦使いなので胴縁も縦で、内外ともに埃が溜まりにくく、汚れがつきにくい。パネルのジョイント部で胴縁にビス留めしているので、ビス頭は見えない。
上右：増築されたラウンジ。

第１期

南立面図　1：1000

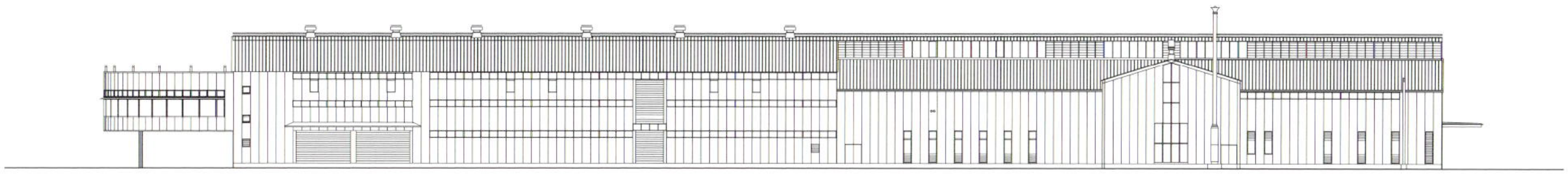

北立面図

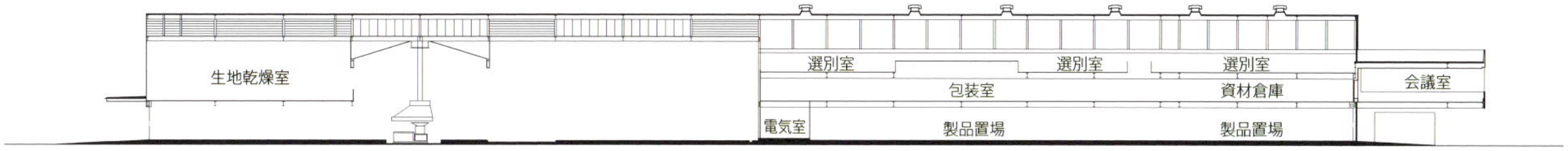

断面図１　1：1000

第２期

南立面図　1：1000

神戸市立小磯記念美術館 | 1992

兵庫県神戸市東灘区

敷地は、埋立地の六甲アイランドのシティーヒルと呼ばれる都市公園内にある。建蔽率 4.6%。この条件下で延 1 万 8,000㎡を建設している。地下に幅 55 m、長さ 250 mの建物、そのほぼ中央に圧密沈下に備えて4 m、水平ぶれには 10㎝のエクスパンション・ジョイントを用意した。阪神淡路大地震で、杭のない地中駐車場の連絡通路は 20㎝下がったが、シティーヒルの土手は道路で切れているせいか、地下駐車場の端部で 8㎝水平にぶれただけだった。大地震を予期していたわけではないが、僥倖だった。

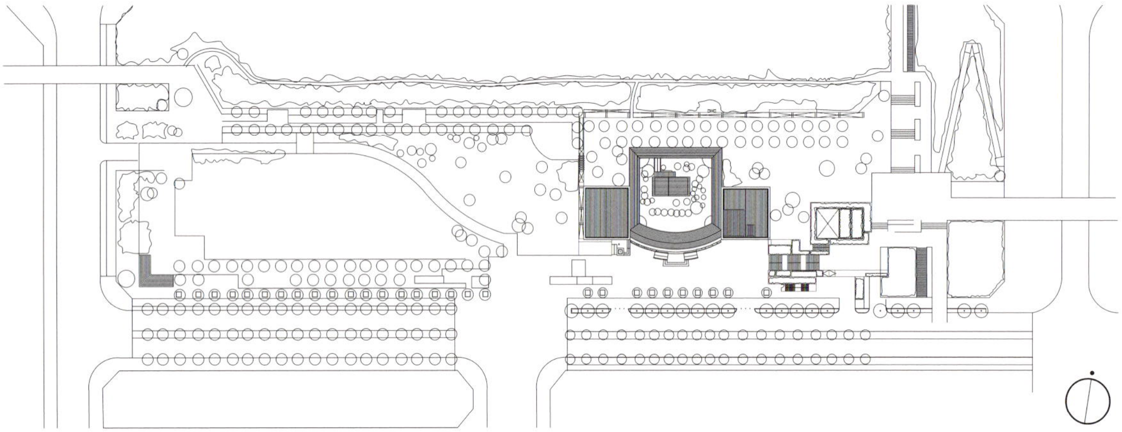

配置図　1：2500

断面図　1：2500

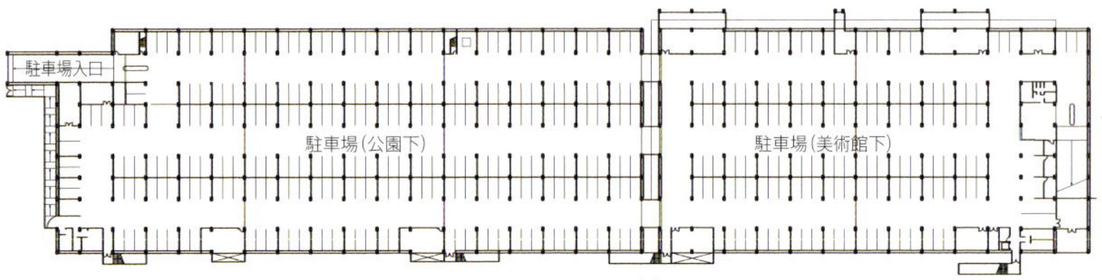

地下1階平面図　1：2500

敷地は都市公園の中で、建蔽率の制約から、幅 55 m、長さ 250 m、432 台の駐車場が地下にあり、美術館の一部が地上に出ている。

南側のエントランスへのアプローチ。地下の駐車場から最短距離で地上階に出られるよう、また給排気や湿気を避けるため、構築物周辺はドライエリアとしている。

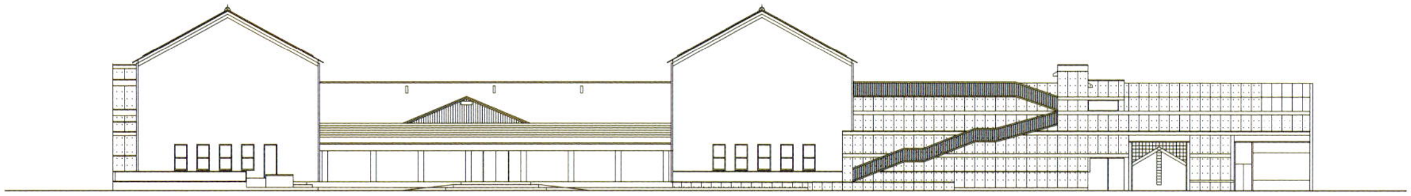

南立面図　1：800

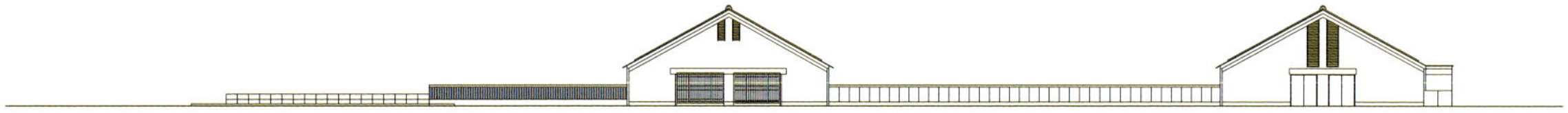

北立面図

美術館は、斬新なデザインを競い合う周囲の高層建築群とは対照的に、新しい人工島の文化核として、市民の心休まる憩いの空間を生み出そうと心がけた。小磯画伯の作風にも通じる感性を現代建築の中に表現することを狙った。

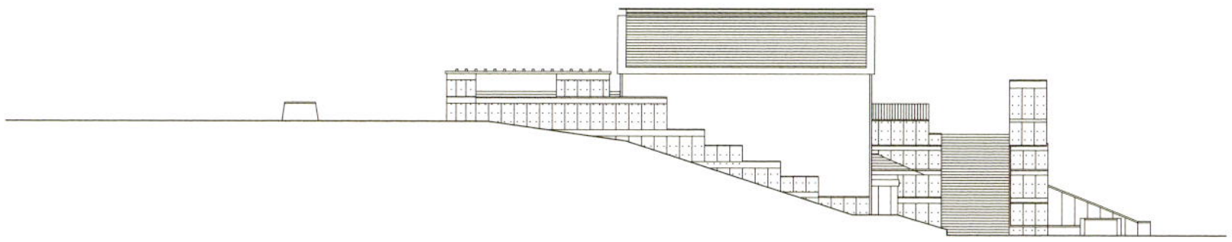

西立面図

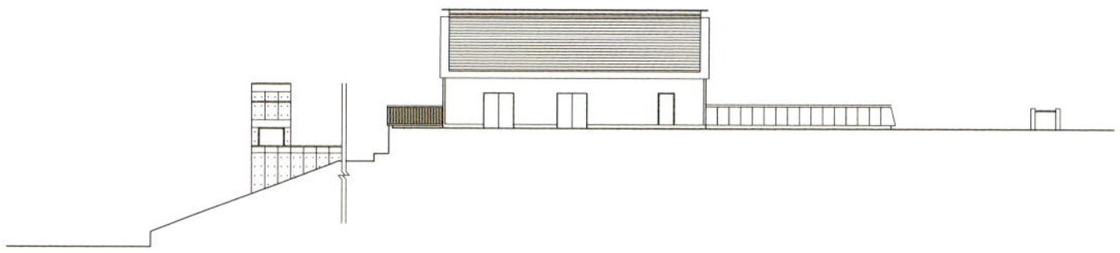

東立面図

切妻屋根のシンメトリーな 2 棟を、ゆるやかなカーブを描く回廊で結び、中央に移築復元した小磯画伯のアトリエを囲む構成。芸術鑑賞にふさわしい落ち着きのある空間を連続させて、鑑賞者を小磯良平の世界へとゆっくりと導く。地面に接する展示室の周りにはすべてドライエリアを巡らせ、防湿や避難通路としている。

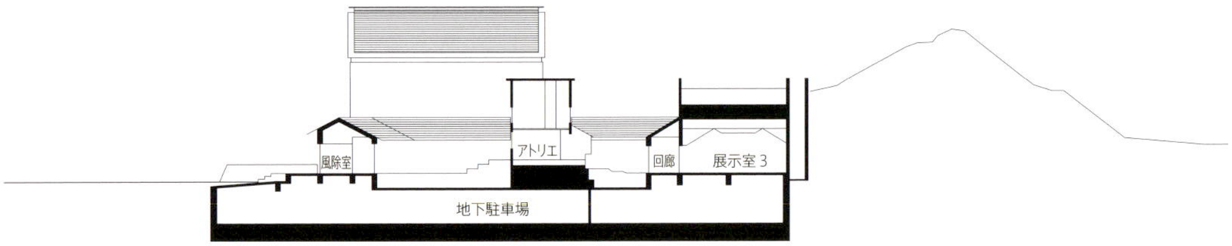

断面図 1　1：800

出口
神戸市立
小磯記念美術館入口

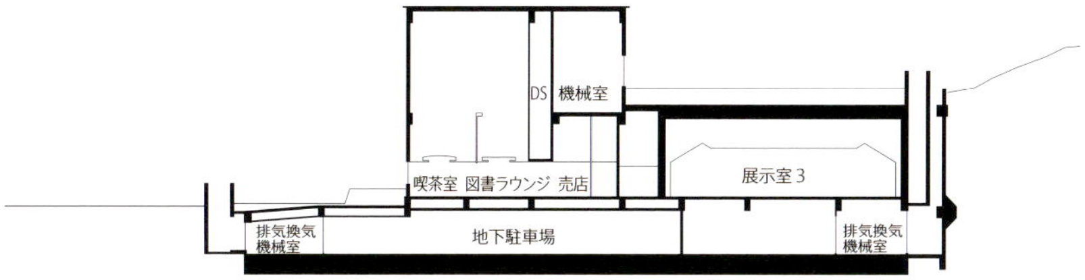
DS
機械室
喫茶室
図書ラウンジ
売店
展示室 3
排気換気
機械室
地下駐車場
排気換気
機械室

断面図 2

上：展示室 1。下：展示室 2。

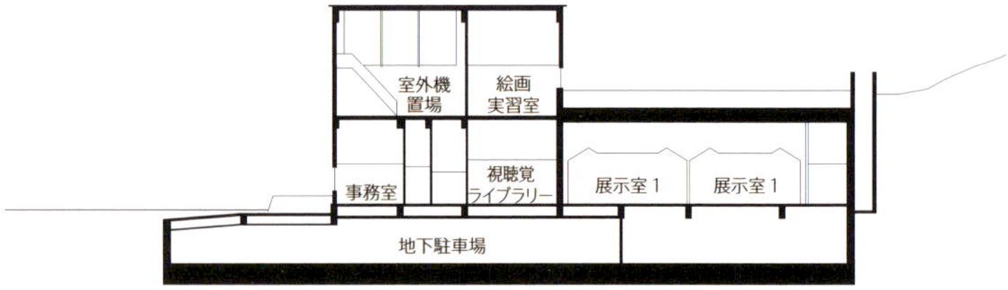

断面図 3

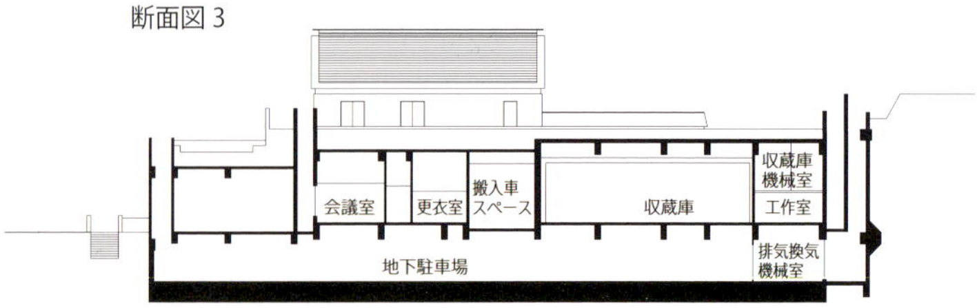

断面図 4　1：800

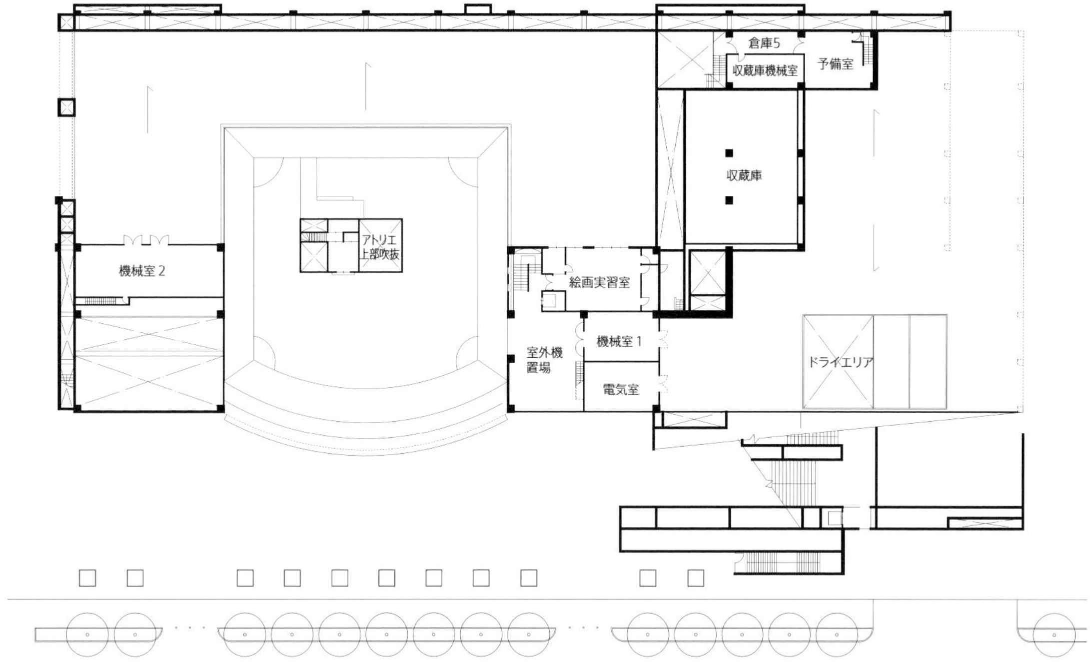

2 階平面図

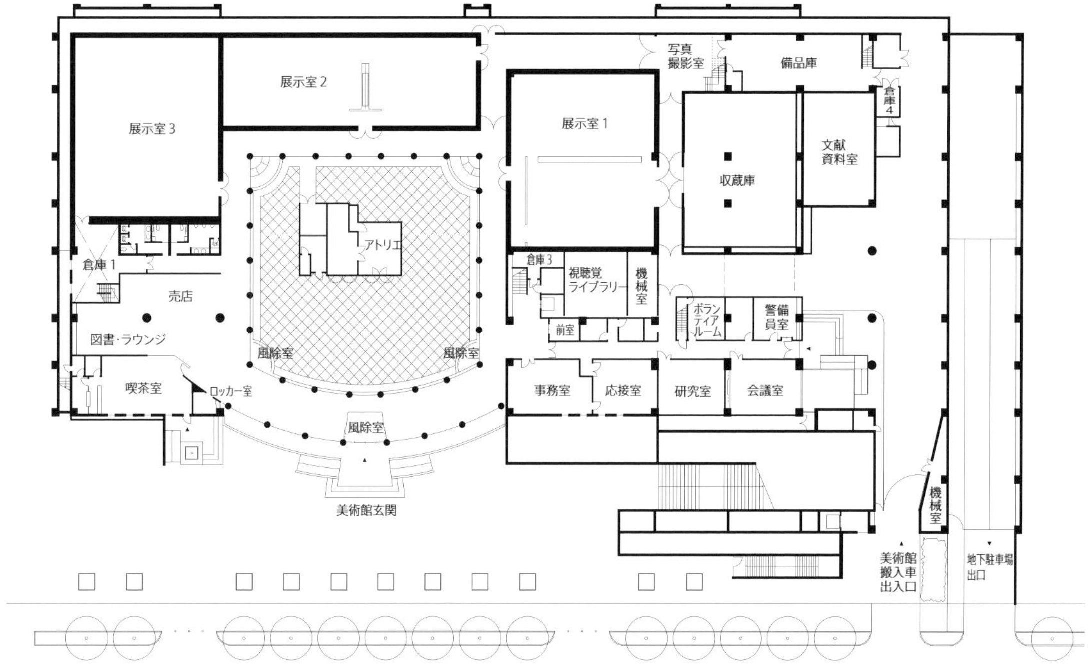

1 階平面図　1：800

夜久野ふれあいプラザ｜2005

京都府福知山市夜久野町

敷地は小学校の跡地で、美しい山並みを背景に国道９号線に沿って流れる牧川に面している。既存の銀杏並木や桜の古木の保存に留意した。
建物の床下部には、造成時の埋め戻し土量の抑制と将来の設備更新を考慮して、地下ピットを設けている。

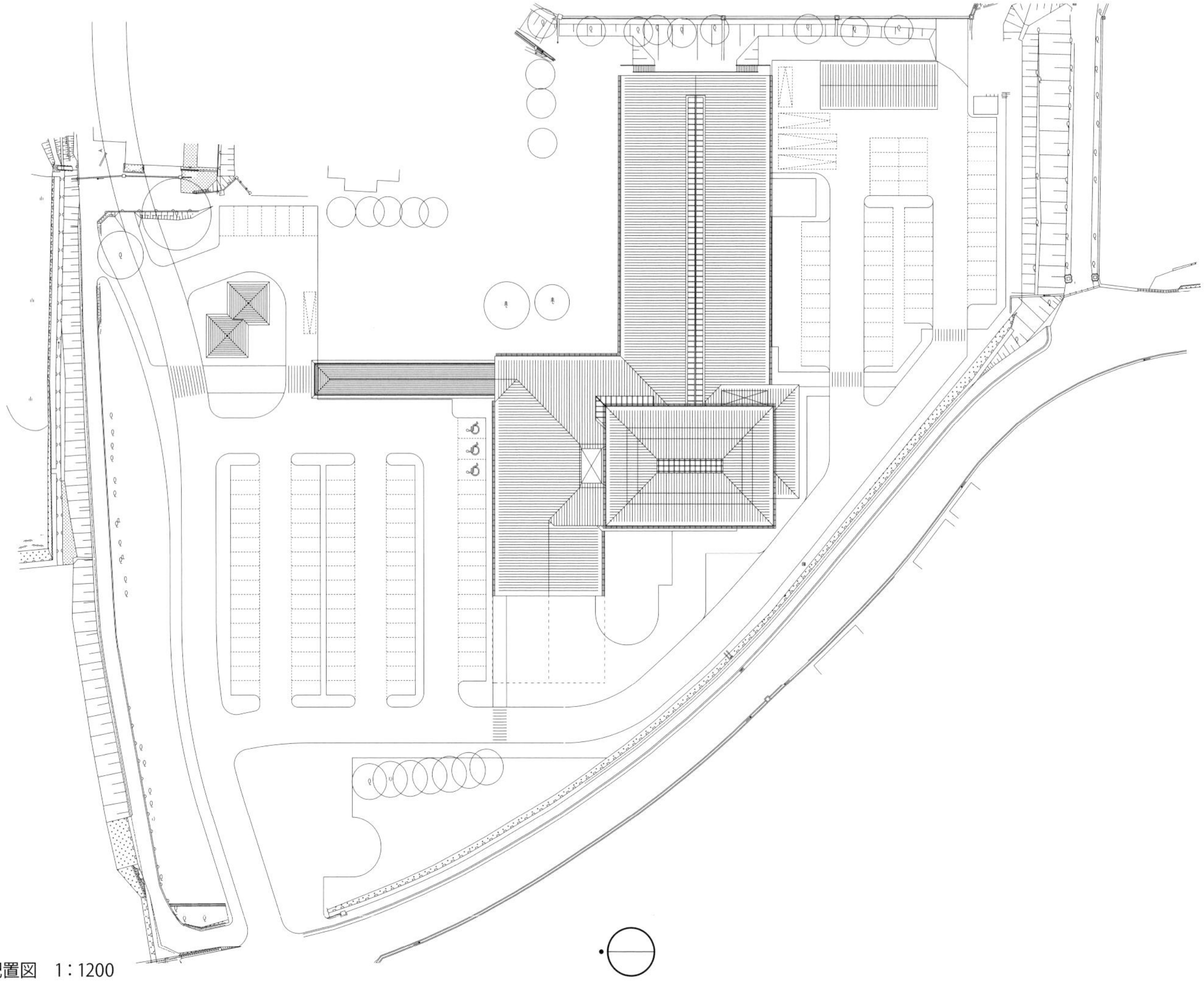

配置図　1：1200

消防用防災資材倉庫

テラコッタや桧で覆われた外断熱の外壁、ペアガラスの木製断熱サッシ、耐久性に優れたチタン葺きでパッシブソーラー効果をもたらす「さや屋根」など、省エネルギーに配慮している。
150-151 頁：伸びやかなアプローチの庇は、積雪や降雨時に利用者を優しく施設に導くだけでなく、オープンスペースで行われる多様な住民活動を支え、また隣接する保育所との交流促進や利便性の向上にも役立っている。

左：住民交流スペースは木のぬくもりを生かし、自然光を明るく拡散する木製ルーバーや珪藻土の塗り壁が居心地よい室内環境をつくり出している。
上：ホール内部。

上・下：深い庇、雪止め、雨落ちの溝など、自然から建物と人を守る工夫が建物の表情をつくり出している。
右頁上：複合施設全体の運営管理を少人数で担う事務室を中心に、住民がもっとも行政サービスを実感できる図書館を文化ホールと連携させ、情報発信拠点として施設の前面に配置している。

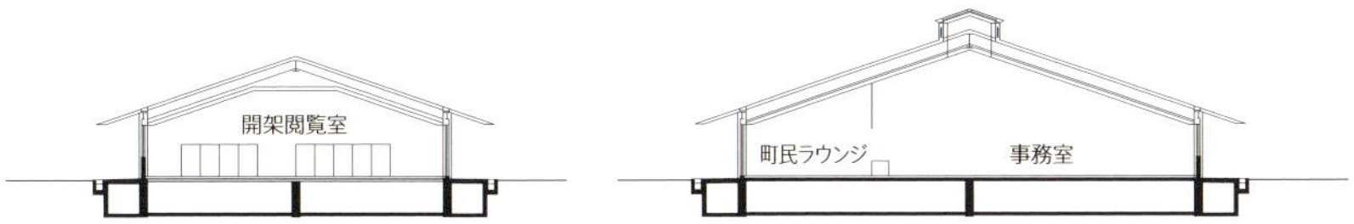

断面図１（図書館・事務所）　1：600

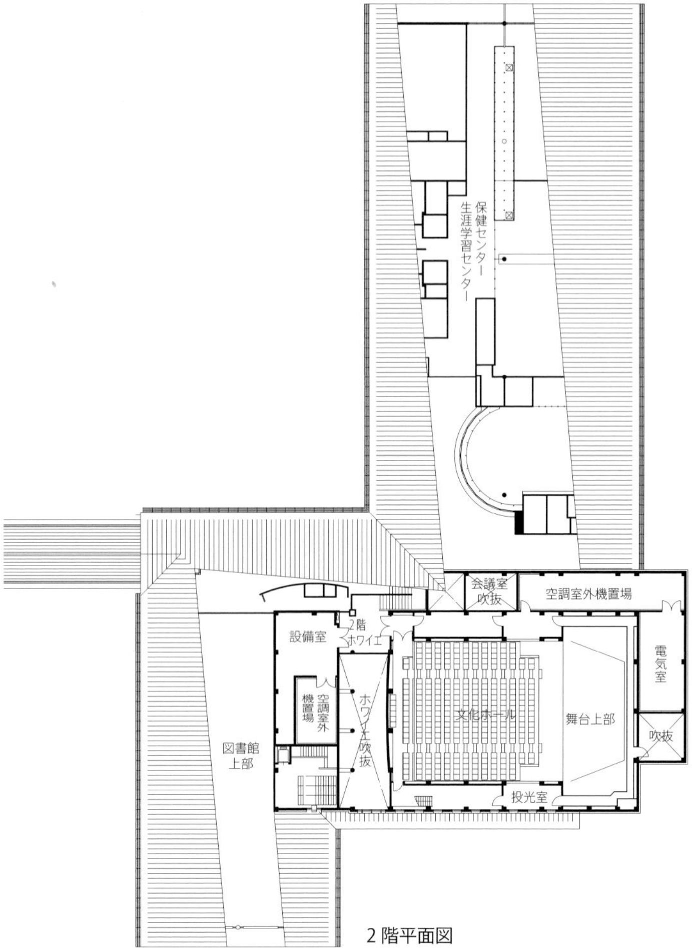

2階平面図

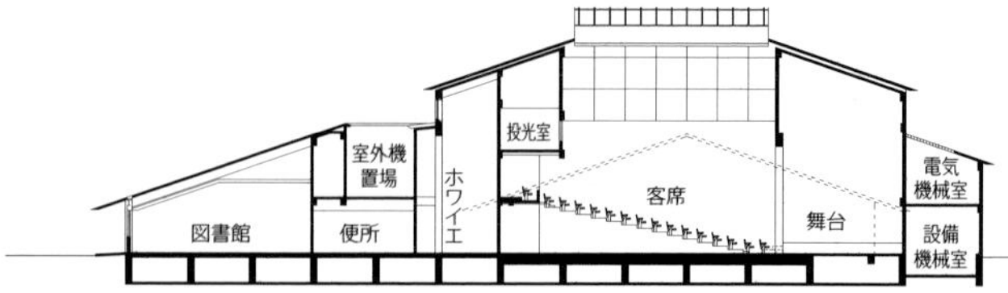

断面図2　1：700

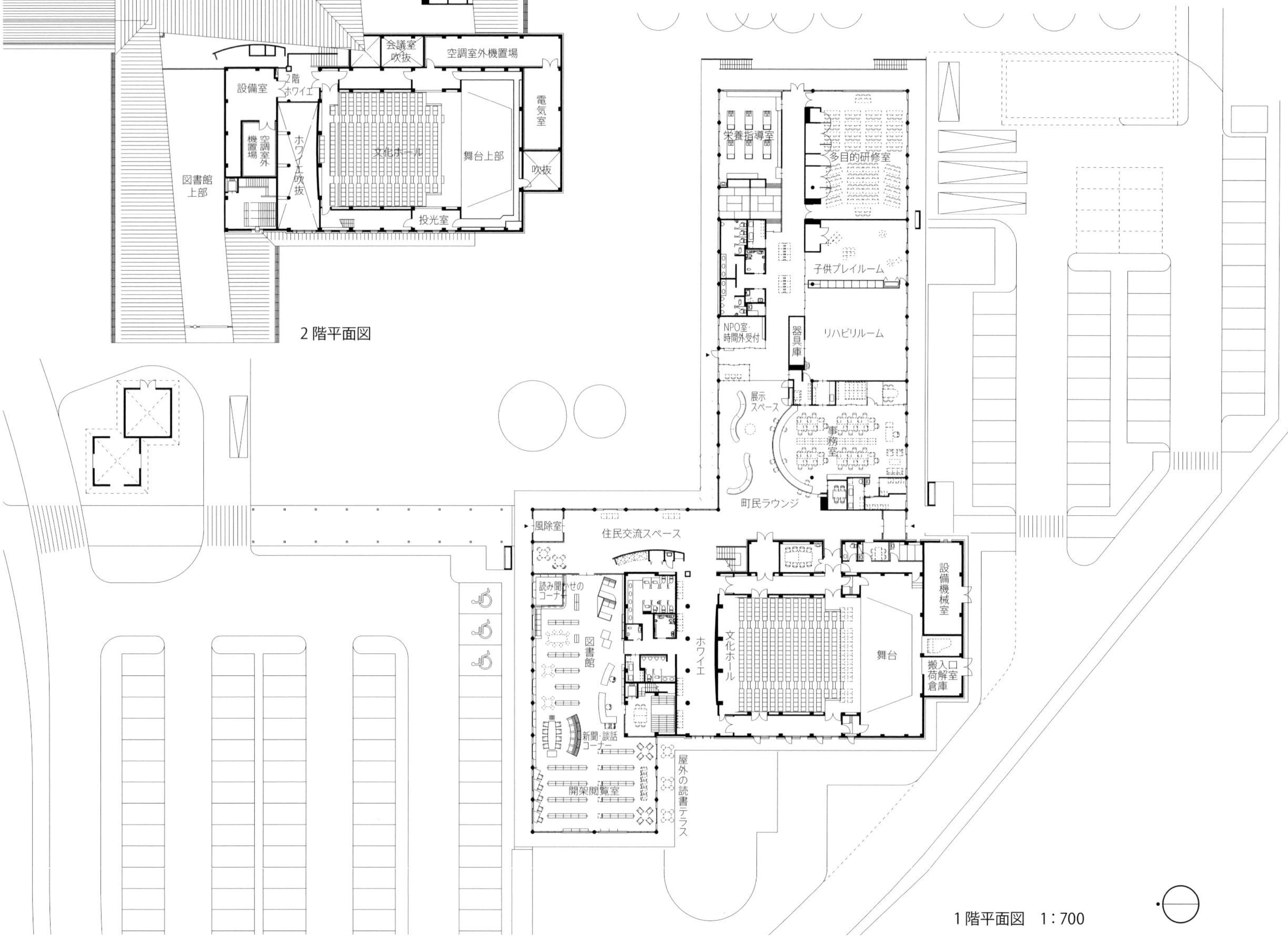

1階平面図　1：700

北側正面外観の夕景。主出入口のアプローチは建物内部では廊下となって内外を貫いている。また長い庇は広場と駐車場を区画する役割も果たしている。

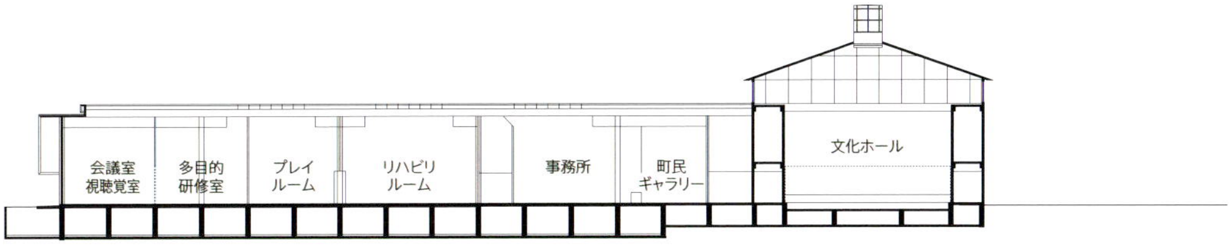

断面図 3

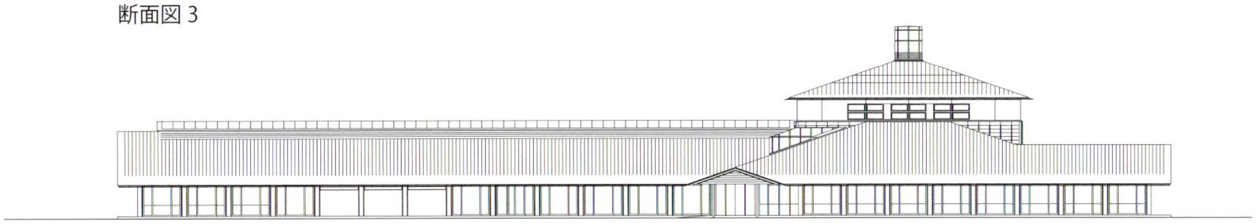

北立面図

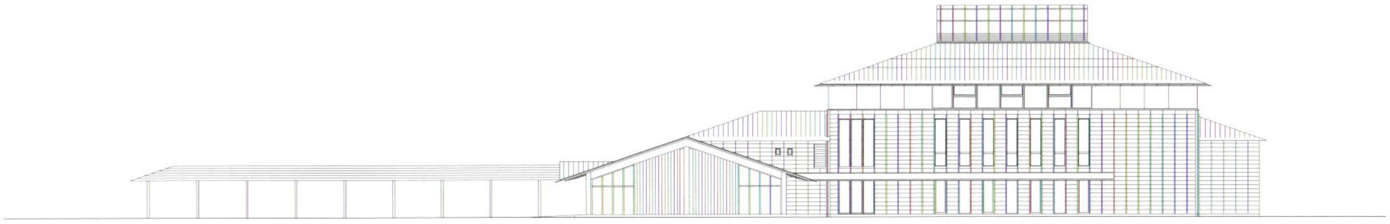

西立面図　1：700

稲沢市荻須記念美術館・アトリエ復元 ｜ 1983/1996

愛知県稲沢市稲沢町

稲沢は、微高地や村社が多い。また、生産緑地が多く、樹木、苗木を全国に出荷している。
敷地は羊毛加工工場の跡地で、水溜りにはメタンガスが出ていた。
そのため、基礎部は通風を配慮した。
荻須高徳画伯の古武士然とした風格に思いを馳せてシンメトリーの建築とした。

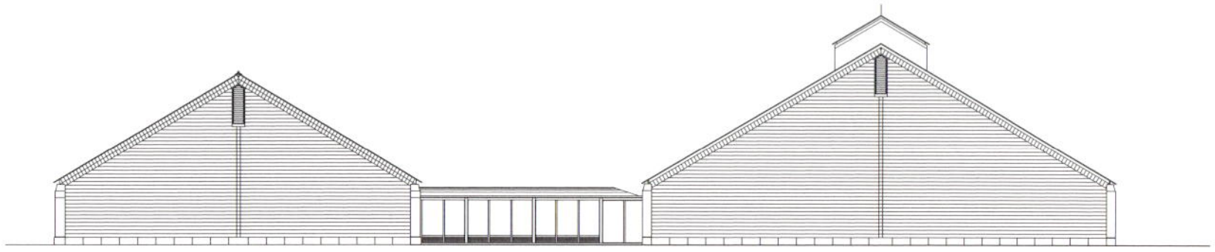

南立面図（美術館—アトリエ） 1：600

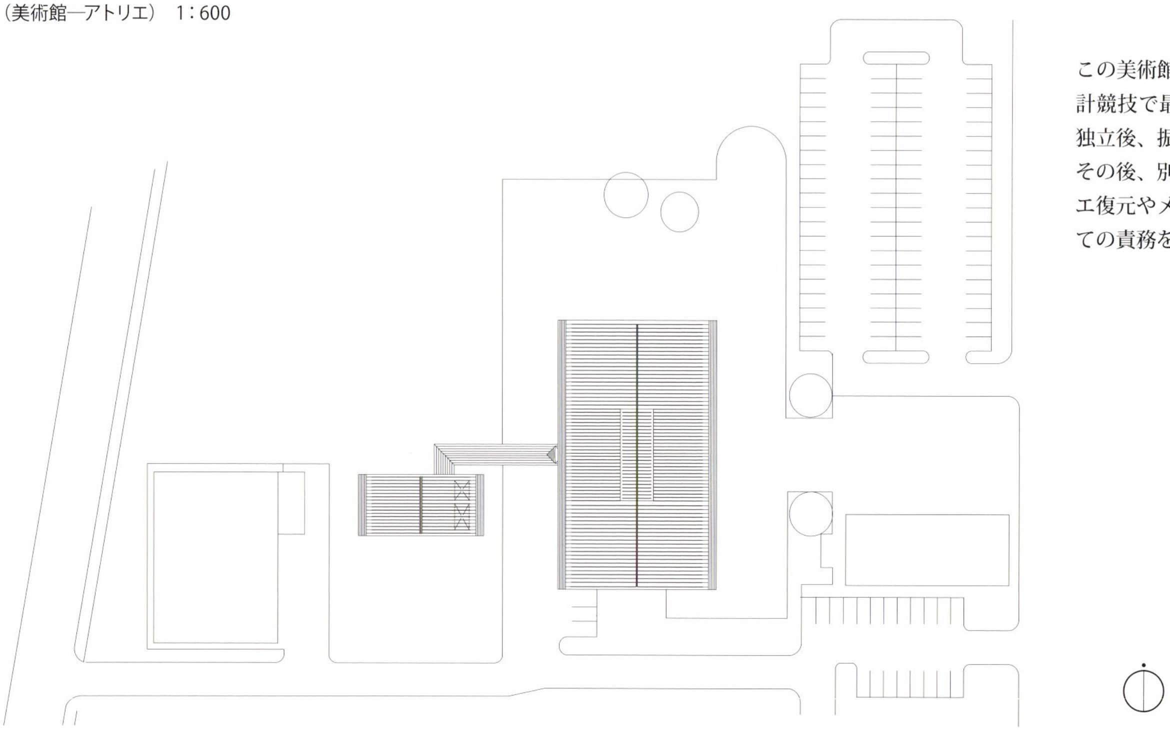

この美術館は竹中工務店在籍中、全国公開設計競技で最優秀作に選ばれ、実現に至った。
独立後、振り返ることの多い建築である。
その後、別棟として荻須画伯のパリのアトリエ復元やメンテナンスを手がけ、設計者としての責務を果たしている。

配置図 1：1200

アトリエ復元

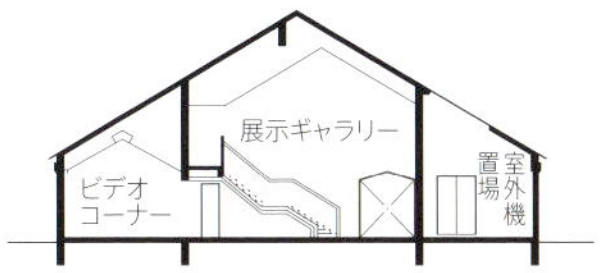

断面図 1　1：600

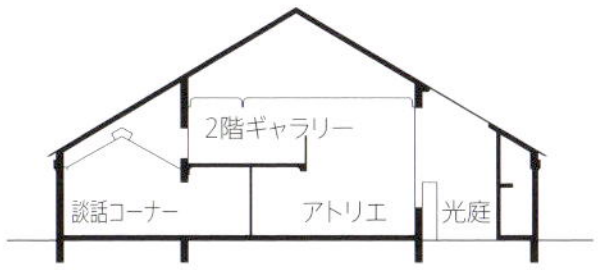

断面図 2

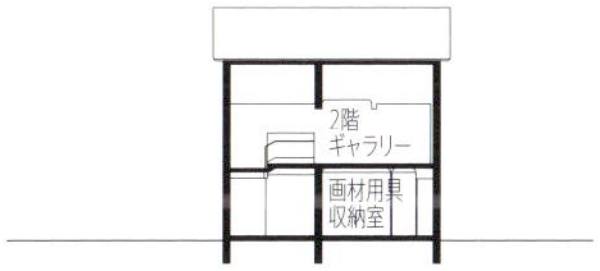

断面図 3

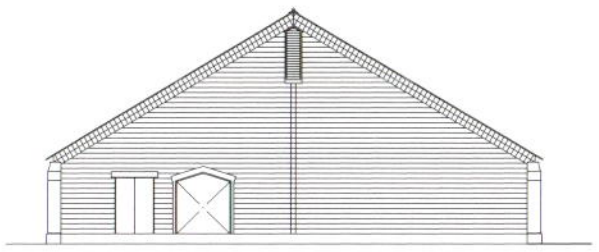

南立面図　1：600

西立面図

荻須画伯のパリのアトリエ復元。

屋根の銅板は、予期していたよりも早く、8 年ほどで緑青が出た。
25 年を過ぎた今は周辺の緑もたくましく生育し、芸術の聖域と
しての風格を整えつつある。

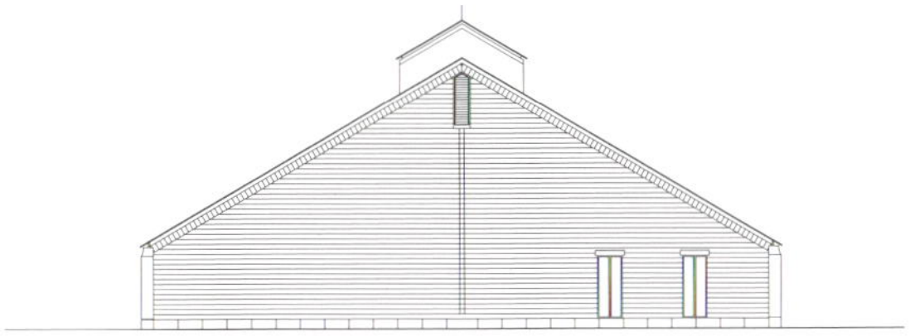

西立面図　1：500

北立面図

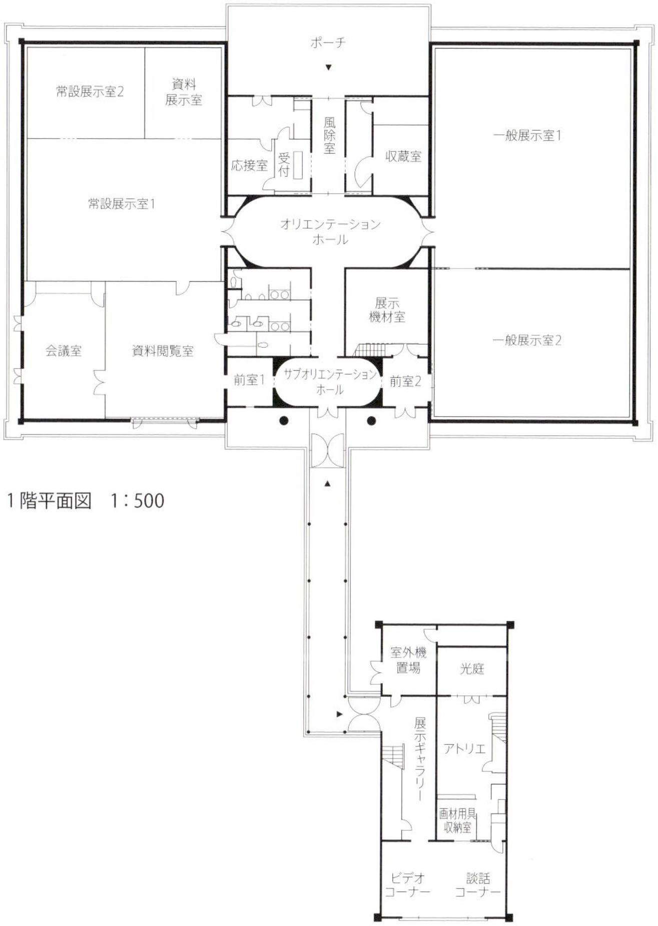

1階平面図　1：500

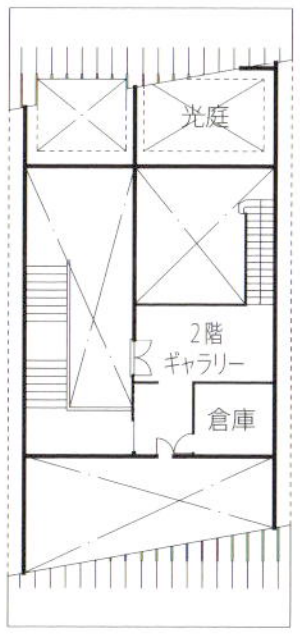

アトリエ棟　2階平面図

美術館本館（左）、アトリエ復元棟（右）と、それをつなぐ通路。奥の左手に見えるのは隣地に建った稲沢市保険センター（設計：徳岡建築設計事務所）。

上：開館当時の企画展示室。展示室では展示壁面の照度分布に配慮した。
右頁：オニックス天井のオリエンテーションホール。

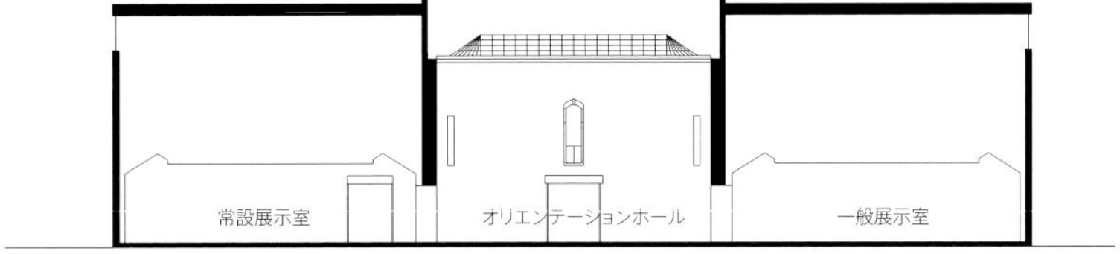

断面図1　1：500

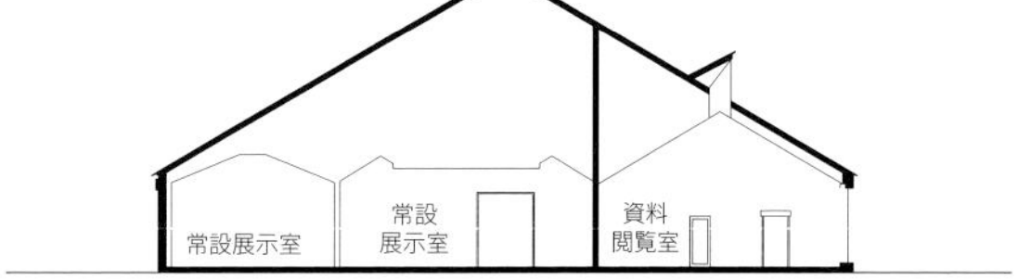

断面図2

歩みつづけるために——あとがきにかえて

徳岡昌克

巨匠ミース・ファン・デル・ローエは、1965年頃、「建築はわれわれの属する文明の表現であるべき」といった。魅力的な言回しである。

私は1951年、工専卒業後竹中工務店に入社し、大阪本店設計部に配属となった。1945年の敗戦後、戦後復興の建設工事が動き始めた頃であって、竹中工務店も会社創立以来初めてという大量採用であったと聞く。仕事の合間に封筒再利用の裏張り、原寸のトレース、改造工事の実測などに従事した時期もあったが、翌年には石本喜久治先生の古典様式の池田銀行本店、その次の年は市浦健先生の大阪三信館の施工図を担当した。構造は横山不学先生であった。1959～60年、松田平田設計事務所の大阪富士ビルの施工図の担当チーフを務めた後、やっと設計部に戻してもらった。施工図に、現場に、出たり入ったりの忙しい年月だったが、それでも1955～58年の間に高知大丸独身寮、大和銀行茨木寮（寮生200人）を含め7件のデザイン、実施設計を担当した。若輩の身でこうしたプロジェクトを担当できたのは、ラッキーだった。学生の時からデザインで身を立てようと決意していたが、しかし、大組織の中でデザイン部門か、プロダクション部門か、将来を決する配転に脅かされていたので、1960年、長男誕生を機にアメリカの設計事務所に勤めてみたいと考えた。個人として行くのだから実積がいる。以前に増して自己のデザイン確立に腐心した。

竹中工務店入社以来、小川正さん、岩本博行さんにはお世話になった。1962年に始まる隔年の大阪国際見本市諸施設のデザインや、三村邸は岩本さんに負うところが大きい。関西大学幼稚園は、課長の指示案とは別に製図版に貼っておいた案を岩本さんが拾ってくれて、これがデビュー作となった。小川さんの取りなしで会社から賜暇を得て、1965年に渡米、ワシントンD.C.とシカゴで勤めた。1965～67年の滞米後、2ヵ月ほどかけて欧州12ヵ国20都市を回り、帰国してからやっと自分のつくろうとする建築の方向が見えてきたように思えた。シカゴに身を置いてみると、大阪国際見本市のデザインも、御堂ビルの小口窯変タイル張り、キャンチレバーのデザインも、建築デザインとして理解しにくいものであった。構造と意匠の整合性のことである。昨今はデザイン・アーキテクトと称し、この意味での整合性のないことがまかり通ってはいるが……。

いま一つ心に留めていることは、群としての美しさ、都市景観についてである。建築や街の美しさの源は、長持ちするための要因を含めて、風土に基づくデザインにあることを再確認した。ミースの作品は、工業力に基づく手工業的な優れたディテールをもってシカゴにもベルリンにも完成している、まさに文明の表現だが、それですべてが画一化されると息苦しさを覚える。私には、徐々に姿が変わりゆく、ゆずり葉の建築づくり、文化としての建築づくりが、より魅力的に思われた。教条的な方法論では難しく、文化にはいろいろと嗜みが必要だ。

帰国当時、建築づくりにはまだまだ多くの人びとが関わっていた。材料、工法も然り。ものづくりの中心に人間がいて、多くの人情味溢れる物語もあった。現在は工業化、量産化がどんどん進み、建築における手作りの部分には何があるだろうか。軀体五職の長といわれた大工、棟梁の腕、裁量はどこへ行ってしまったのか。紙、布、漆、煉瓦、タイル等のそれぞれ持ち味のある材料も手近なものではなくなった。建築だけではなく、実に多くの文化が様変わりし消滅していく。文化とはそういうものでもあるが、私は継承していけるものは何かと模索しながら、文化としての建築、風土に根ざし、人びとに親しまれ、長く生き続け、人びとを勇気づけ、もともとそこにあったような、違和感のない、それでいてサムシング・ニューの風景となる建築づくりに取り組んでいる。建築を構成する材料としては、木材、漆食、煉瓦、煉瓦タイル、タイル、金属など。煉瓦タイルは魅力ある材料で、基本的には地盤から立ち上がる組積造のマッシブな表現を試みているが、博多の十八銀行赤坂支店（1979）ではファッション性の高い通りに思いを馳せて、三角形の平面端部を組積造風貼りの緩いカーブのキャンチレバーとして、当時の銀行店舗としてはモダンでハイカラな表現とした。工法も、構造も、木造、鉄骨造、鉄筋コンクリート造、また、それらの組み合わせによっているが、いずれにしても、技術的にも視覚的にも腑に落ちる表現をめざして取り組んでいる。

1983年53歳で、どうしても設計を続けたい、と円満退社し事務所を創設した。仕事の目途があったわけではなかった。永い間、設計部の要職にあったから、その大切な顧客に仕事をお願いするつもりはない。ただ、ありがたいことに数多くの種別に富んだ設計を経験していた。また組織の中でコンペに取り組んでいるのを垣間見る機会があった。チームを指揮して当選したこともあるが、なんといっても1977年の沖縄市民会館全国公開コンペは思い出深い。3月1日付けで九州支店の設計部長として赴任早々の4月6日頃、沖縄

大和銀行茨木寮（大阪、1958）

大阪国際見本市諸施設（大阪、1962）

関西大学幼稚園（大阪、1965）

十八銀行赤坂支店（福岡、1979）

沖縄市民会館（沖縄、1980）

稲沢市荻須記念美術館（愛知、1983）

市民会館の設計監理者を全国公開コンペで決めるという記事が新聞に小さく出ていたのを見て応募を決意した。支店の人事にも疎い新参者の一部長のやることだったが、オイルショック後で「皆元気を出さないかん」という雰囲気もあって、許可を得、文字どおり体を張って取り組んだ。その後大阪に戻り、1983年に竣工した稲沢市荻須記念美術館も全国公開コンペで当選した仕事であった。沖縄も稲沢も共にＢＣＳ賞を受賞した。こうして自分なりにコンペに取り組む方法論を得たようにも思っていた。対象となる建築は用途も立地条件も異なる。同じ材料や工法にこだわることもないし、建設に携わる人びとや、完成後使う人たちも同じではない。しかし、今、使える材料と工法の組み合わせで形成される造形の魅力に取りつかれ、これまで学んできた自己流の「これで良し」をもって、そのつど挑戦している。

事務所創設以来、1984年の駒ヶ根市文化公園施設群の全国公開コンペ、1985年日本建築士連合会の全国公開コンペ、傾斜地利用の集合住宅で銀賞、同年全労災会館、1986年愛知県新文化会館栄地区で佳作等々、設計の機会は全国公開コンペしかなかった。組織での経験はあっても、自分の事務所としての実積はなかったから、設計者に指名されるのは至難のことだった。満25年を経たこの間、223件のコンペ、プロポーザルに挑戦し、勝率はよくないがそれなりの作品にも恵まれ、名目192件のプロジェクトの完成をみた。

『建築－生き様のデザイン』『建築―ゆずり葉のデザイン』、韓国で『PA17 MASAKATSU TOKUOKA』を出版し、さまざまな思いを綴ってきたので、今度は作品集としてまとめたいと、新建築編集長を長く務めた石堂威さんにお願いし、掲載の12作品を選んでいただいた。残した作品にもそれぞれ愛着は一入だが、どうしても12ならこれだと、私自身も納得している。加えて空撮のアイデアをいただき、設計の意図がより明瞭に読者に伝わるのではないかと喜んでいる。数多くの挑戦に付き合ってくれた所員たち、そして何よりも、発注者、施工者の皆様に御礼申し上げる。

内田祥哉先生から作品についての論評をいただいたのは望外の喜びである。My cherishing ambition が暴かれたような心境だ。かつて私は組織の管理職にあり、父はその現役の下請けにあったから、同じ家に住んでいながら私たちには越えてはならない溝があった。退社して自分の事務所をもったとき、水入らずの、ものづくりの楽しい日々がくるかと思われたが、如何せん、私は設計監理者、父、そして今、長男は施工者の立場であり、私たちにはいつも職業上の社会的、倫理的、葛籐がつきまとう。しかし、良い建築をつくりたいという思いは同じだ。内田先生が言及して下さった、幸せを享受する建築主はどこにおられるのだろうか。

DATA 1 コンペ・プロポーザル応募戦歴 223 戦 191 敗 32 勝！

結果はけっして誇れるものではないが、競技によって
設計の機会が与えられることは、何よりも励みになる。

◉ **1984 年** 文化公園施設群／駒ヶ根市／全国公開コンペ………… ◉ **1985 年** 傾斜地利用の集合住宅／日本建築士会連合会／全国公開コンペ（銀賞）…………新旭幼稚園基本計画／滋賀県新旭町／指名コンペ…………全労災会館事務所多目的ホール／全労災／全国公開コンペ………… ◉ **1986 年** 愛知県新文化会館（栄地区）／愛知県／全国公開コンペ（佳作）………… ◉ **1987 年** 集合住宅／近鉄不動産／基本計画…………愛知県新文化会館（名城地区／図書館）／愛知県／全国公開コンペ…………阪南町阪南町立文化センター（図書館）／大阪府／指名コンペ………… ◉ **1988 年** 今津町保健総合センター／滋賀県今津町／指名コンペ………… ◉ **1989 年** 東京国際フォーラム／東京都／国際公開コンペ…………西神ニュータウン民間住宅用地（第 8 次分譲事業計画）／阪急不動産／事業コンペ………… ◉ **1990 年** 西神ニュータウン民間住宅用地（第 4 次分譲事業計画）／阪急不動産／事業コンペ…………久留米市伝統まちなみアイデア競技（駅舎）／福岡県／全国公開コンペ（佳作）………… ◉ **1991 年** 半田市新美南吉記念館／愛知県／全国公開コンペ…………安曇川町産業・文化会館／滋賀県／指名コンペ…………仮称奈良市民ホール国際建築設計競技／奈良市㈶世界建築博覧会協会／国際コンペ…………西神ニュータウン民間住宅用地／阪急不動産／事業コンペ………… ◉ **1992 年** 兵庫県芸術文化センター・公開プロポーザル設計競技／兵庫県・阪急電鉄株式会社・株式会社ニチイ／全国公開コンペ…………神戸狩口地域センター設計競技／神戸市／全国公開コンペ…………滋賀県立大学施設設計委託プロポーザル／滋賀県／指名プロポーザル…………中原中也記念館公開設計競技／山口市／全国公開コンペ…………平成 4 年度まちづくり設計競技／㈶住宅生産振興財団／全国公開コンペ…………西神ニュータウン民間住宅用地（第 5 次分譲事業計画）／神戸市／事業コンペ（当選）………… ◉ **1993 年**「（仮称）新潟市市民文化会館及び周辺整備計画」プロポーザルコンペティション／新潟市／全国公開コンペ…………近江八幡市かわらミュージアム（仮称）建築設計プロポーザル／滋賀県／公募プロポーザル………… ◉ **1994 年** 東北歴史博物館仮称設計競技／宮城県／全国公開コンペ…………京都府大宮町「小町の舎」デザインコンペティション／㈳京都府建築士会／公開建築設計競技…………近江八幡市立図書館建築設計プロポーザル／滋賀県／公募プロポーザル…………（仮称）彦根市第 2 城陽小学校建築設計プロポーザル／彦根市／公募プロポーザル1次審査通過（5 社）…………（仮称）彦根市総合市民センター建築設計公開プロポーザル／彦根市／公開プロポーザル（次点）…………（仮称）奈良市生涯学習センター建築設計競技／奈良市／一般公募　建築設計競技（優秀賞）…………瀬高町総合文化施設建設・プロポーザル／福岡県／指名プロポーザル…………横浜港国際客船ターミナル国際建築設計競技／横浜市／公開国際建築設計競技…………台中市新市政中心国際競技／台中市（台湾）／公開国際建築設計競技…………若狭湾少年自然の家屋内多目的活動施設実施設計プロポーザル（福井県）／近畿地方建設局／指名プロポーザル（特定）………… ◉ **1995 年** 湖北町湖北町庁舎建築設計競技／滋賀県／指名コンペ…………能登川町総合文化情報センター／滋賀県／指名プロポーザル（特定）…………国立国際美術館基本設計／近畿地方建設局／公募プロポーザル…………（仮称）三輪町総合施設設計競技／福岡県／指名コンペ（当選）…………大阪府立吹田養護学校（仮称）整備基本計画／大阪府／指名プロポーザル（特定）…………税大大阪研修所外1件建築実施設計業務／近畿地方建設局／指名プロポーザル………… ◉ **1996 年** 福間町生きがい創造センター（仮称）設計競技／福岡県／指名コンペ…………大阪府栄なぎさ住宅（仮称）設計競技／大阪府／公開コンペ…………高月町新庁舎及び保健センター設計競技／滋賀県高月町／指名コンペ…………（仮称）弁天の里文化学習センター建築設計競技／滋賀県びわ町／指名コンペ…………（仮称）桜井市立図書館建築設計競技／奈良県桜井市／指名コンペ…………平田町タウンセンター施設整備公開設計競技／山形県平田町／全国公開コンペ………… ◉ **1997 年** 芸術の館（仮称）設計プロポーザル／兵庫県 ／2 段階公開プロポーザル…………愛東町けんこう福祉ゾーン設計者選定に関する提案および面接／滋賀県愛東町／指名プロポーザル（特定）…………山田市立下山田小学校建築設計競技／福岡県山田市 ／全国公開コンペ（奨励賞）…………新さくら苑設計コンペ（福岡県北九州市）／医療法人社団桜会／指名コンペ …………小石原焼伝統産業会館基本実施設計／福岡県小石原村／指名コンペ（当選）…………大阪市浪速消防署公開設計競技／大阪市／公開コンペ …………湯浅簡裁他 3 件実施設計業務（和歌山県湯浅他）／近畿地方建設局 ／指名プロポーザル（特定）…………ダカールのゴリー記念館設計競

若狭湾少年自然の家屋内多目的活動施設実施設計プロポーザル

能登川町総合文化情報センター

大阪府立吹田養護学校（仮称）整備基本計画

（仮称）フレール西須磨配置・建物基本及び実施設計

技（アフリカ・セネガル）／セネガル文化省／国際公開コンペ…………（仮称）曳山博物館建設設計技術提案／滋賀県長浜市／2段階公開プロポーザル1次審査通過（6社／参加18社）…………（仮称）和泉市総合センター基本計画プロポーザル／大阪府和泉市／2段階公開プロポーザル1次審査通過（8社）…………VO BLD.　COMPETITION／大和実業㈱／指名事業コンペ（当選）…………（仮称）山東町民交流センター建設基本計画プロポーザル／滋賀県山東町／2段階公開プロポーザル1次審査通過（5社／参加34社）…………（仮称）まちなみセンター建設設計プロポーザル／大阪府八尾市／2段階公開プロポーザル………… **◉ 1998年** 鳥取県立美術館（仮称）基本設計業務／鳥取県／公開プロポーザル…………国立組踊劇場（仮称）基本設計業務（沖縄県浦添市）／沖縄総合事務局／2段階公開プロポーザル…………（仮称）フレール西須磨配置・建物基本及び実施設計／住宅・都市整備公団／指名プロポーザル（特定）…………日本赤十字九州国際看護大学（仮称）設計プロポーザル／日本赤十字社福岡県支部／全国公開プロポーザル…………今津町歴史文化情報センター（新今津町立図書館）／滋賀県今津町／指名プロポーザル（特定）…………平野区役所加美出張所建設工事基本計画基本設計（建築）／大阪市／指名プロポーザル（特定）…………阿南合同設計業務公募型プロポーザル（徳島県阿南市）／中国地方建設局／公開プロポーザル…………「萱島東-2」団地性能発注による設計施工提案競技／大阪府住宅供給公社／公開事業コンペ…………京都地方法務局増築建築実施設計プロポーザル／近畿地方建設局／指名プロポーザル…………浪速合同庁舎公開設計競技／大阪市／公開コンペ…………諫早市立中央図書館（仮称）プロポーザル／長崎県諫早市／公開プロポーザル1次審査通過（7社／参加63社）…………湖北町文化交流センター設計競技／滋賀県湖北町／指名コンペ…………遠賀町図書館建設基本設計プロポーザル／福岡県遠賀町／指名プロポーザル…………（仮称）茨田大宮分譲住宅提案／大阪市住宅供給公社／指名コンペ（当選）…………（仮称）宮本三郎美術館建設提案競技／石川県金沢市／2段階公開プロポーザル………… **◉ 1999年** 広坂芸術街（仮称）設計プロポーザル／石川県金沢市／公開プロポーザル…………中山道広重美術館（仮称）プロポーザル／岐阜県恵那市／公開プロポーザル…………神戸市立井吹台中学校増築設計委託事務所選定／兵庫県神戸市／神戸市型簡易プロポーザル…………若狭湾少年自然の家宿泊棟改修他1件建築実施設計業務（福井県）／近畿地方建設局／指名プロポーザル…………夜須町複合施設基本設計業務にかかる技術提案／福岡県夜須町／指名準プロポーザル…………武豊町民会館設計プロポーザル／愛知県武豊町／公開プロポーザル（次点）…………赤間西コミュニティセンター（仮称）整備事業に係る設計競技／福岡県宗像市／指名コンペ（次点／指名6社）…………吉井町立吉井中学校校舎改築設計競技／福岡県吉井町／指名コンペ（指名5社）…………快適住宅・淡海の住まい」アイデア募集／滋賀県／アイデアコンペ…………山田市生涯学習センター建築設計競技／福岡県山田市／指名コンペ（次点／指名15社）…………滋賀県警察本部庁舎整備基本構想策定業務／滋賀県／公開プロポーザル………… **◉ 2000年**（仮称）青森県立美術館設計競技／青森県／国際公開コンペ…………鈴鹿市新庁舎建設基本設計プロポーザル／三重県鈴鹿市／公開プロポーザル1次審査通過（7社／参加36社）…………黒木町役場新庁舎建築設計競技／福岡県黒木町／指名プロポーザル（指名10社）…………市営松原第1団地住宅建替事業設計競技／大阪府泉佐野市／2段階指名コンペ…………穂波町立高田小学校改築設計プロポーザル／福岡県穂波町／指名プロポーザル（指名10社）…………田主丸町複合文化施設設計競技／福岡県田主丸町／公開プロポーザル1次審査通過（5社／参加21社）…………岐阜県警察本部庁舎基本設計業務プロポーザル／岐阜県／公募プロポーザル…………「中百舌鳥団地（建替）全体配置・第1工区建物基本設計」業務プロポーザル／都市基盤整備公団／指名プロポーザル…………篠山市立中央図書館（仮称）設計業務／兵庫県篠山市／指名プロポーザル…………淀川労基建築設計業務プロポーザル／近畿地方建設局／指名プロポーザル（特定）………… **◉ 2001年** 白山小学校改築事業プロポーザル／福井県武生市／公開プロポーザル…………粕屋町民ホール（仮称）設計業務プロポーザル／福岡県粕屋町／公募プロポーザル…………萩市新博物館新築に伴う設計業務プロポーザル／山口県萩市／指名プロポーザル…………「富士見寮」プロポーザル／社会福祉法人新栄会／公募プロポーザル…………斐川町図書館設計業務プロポーザル／島根県斐川町／公募プロポーザル…………八丈島測候所庁舎設計業務プロポーザル／関東地方整備局／公募プロポーザル1次審査通過(5社／参加15社)…………福岡視力障害センタープロポーザル／九州地方整備局／指名プロポーザル…………警視庁第3機動隊庁舎設計業務プロポーザル／関東地方整備局／簡易公募型プロポーザル…………田尻町立幼稚園・保育所改築工事（仮称）基本設計策定業務プロポーザル／大阪府田尻町／公募型プロポーザル…………南飛騨国際健康保養地「健康学習センター」（仮称）設計コンペ／岐阜県／全国公開コンペ…………糸魚川市立美術館プロポーザル／新潟県糸魚川市／公募プロポーザル…………淀川消防署建設工事プロポーザル／大阪市／指名プロポーザル（特定）…………青森市北国型集合住宅国際設計競技／青森市／国際公開コンペ…………横須賀市新美術館ＱＢＳ方式による設

今津町歴史文化情報センター

平野区役所加美出張所建設工事基本計画基本設計

（仮称）茨田大宮分譲住宅提案

淀川労基建築設計業務プロポーザル

計者選定／神奈川県横須賀市／公募型 QBS（資質評価方式）…………**船場げんき提案**／都市基盤整備公団関西支社／アイデアコンペ…………**美方町町立小代小学校校舎改築にかかる建築基本設計コンペ**／兵庫県美方町／指名コンペ…………**茨城職業能力開発促進センター（仮称）設計業務**／雇用能力開発機構／公募型プロポーザル…………**福岡県三輪町町営住宅建替競技**／福岡県三輪町／指名コンペ…………**◉ 2002 年** **宝珠山村保健福祉センター設計競技**／福岡県宝珠山村／指名コンペ（当選）…………**大阪市（仮称）浪速複合施設の公開設計競技**／大阪市／公開コンペ…………**島根県古代文化研究センター設計競技**／島根県／2段階公開コンペ一次審査通過（7社／参加27社）…………**長崎県立歴史文化博物館公募型プロポーザル**／長崎県／公募型プロポーザル…………**菟田野町立（仮称）菟田野小学校建設工事基本設計コンペ**／奈良県菟田野町／指名コンペ…………**鯖江市中河小学校改築プロポーザル**／福井県鯖江市／公募型プロポーザル…………**多摩平団地（建替）公益施設建物基本実施設計**／都市基盤整備公団東京支社／指名プロポーザル（特定）…………**山梨労働局設計業務プロポーザル**／関東地方整備局／公募プロポーザル1次審査通過（5社／参加22社）…………**神戸市立高羽小学校簡易プロポーザル**／神戸市／指名プロポーザル…………**太子町新庁舎基本構想プロポーザル**／兵庫県太子町／指名プロポーザル…………**安富町保健福祉文化等複合施設プロポーザル**／兵庫県安富町／指名プロポーザル…………**（仮称）あきる野市東部図書館等複合施設基本設計業務**／あきる野市／指名プロポーザル…………**大阪労働局高槻宿舎（仮称）実施設計業務技術提案**／近畿地方整備局／指名プロポーザル（特定）…………**緑の文化施設ゾーンセンター施設設計業務**／関東地方整備局／公募プロポーザル…………**（仮称）奥田元宋・小由女美術館基本設計業務**／広島県三次市／公募プロポーザル…………**大エジプト博物館国際コンペ**／国際建築家協会（UIA）／国際公開コンペ…………**「函館市中央図書館」設計プロポーザルコンペ**／北海道函館市／公募プロポーザル…………**太田川庁舎設計業務**／中国地方整備局／公募プロポーザル…………**新事業創出支援施設**／さかい新事業創造センター／公募プロポーザル………**大阪弁護士会館設計業務**／大阪弁護士会／指名プロポーザル…………**（仮称）甲南町立図書館建築設計業務**／滋賀県甲南町／指名プロポーザル（特定）………**上月町立上月中学校校舎建設にかかる提案書**／兵庫県上月町／指名コンペ…………**松山労働総合設計業務プロポーザル**／四国地方整備局／公募プロポーザル1次審査通過…………**◉ 2003 年** **川崎南税務署設計業務プロポーザル**／関東地方整備局／公募プロポーザル…………**日田市総合文化施設公開エスキスコンペ**／大分県日田市／公開エスキスコンペ…………**加賀市湖北小学校改築プロポーザル**／石川県加賀市／公募プロポーザル…………**寺田町自転車駐車場設置工事プロポーザル**／大阪市／指名プロポーザル（特定）…………**司法研修所司法修習棟増築設計業務**／関東地方整備局／簡易公募型プロポーザル1次審査通過（5社）…………**大阪府営岸和田吉井住宅（建て替え）基本設計策定業務**／大阪府／指名プロポーザル…………**（仮称）東山魁夷記念館建築基本設計業務委託**／千葉県市川市／公募プロポーザル…………**千代田町文化ホール・保健センター複合施設基本設計競技**／佐賀県千代田町／指名コンペ…………**丸岡町立新中学校建設プロポーザル**／福井県丸岡町／公募プロポーザル一次審査通過（5社／参加43社）…………**赤羽台団地Ａ４～６号棟建物基本実施設計業務**／都市基盤整備公団東京支社／簡易公募型プロポーザル…………**地球デザインスクールセミナーハウス設計業務**／京都府／公募プロポーザル（1次審査通過）…………**千葉市立千葉高等学校改築基本設計業務委託**／千葉市／簡易公募型プロポーザル…………**夜久野町文化・保健福祉複合施設建設事業に伴う設計業務**／京都府夜久野町／指名プロポーザル（特定）…………**南方熊楠研究所**／和歌山県田辺市／公募コンペ…………**大飯町保健・医療・福祉総合施設基本設計プロポーザル**／福井県大飯町／公募プロポーザル…………**（仮称）武生市立中央図書館設計業務プロポーザル**／福井県武生市／公募プロポーザル…………**一葉記念館・新記念館等の建設に関する基本設計業務**／東京都台東区／公募プロポーザル1次審査通過（5社／参加23社）…………**（仮称）住吉複合施設公開設計競技**／大阪市／公募コンペ…………**武蔵野市新公共施設設計プロポーザル**／東京都武蔵野市／公募プロポーザル…………**龍谷大学深草学舎キャンパス修景構想公開プロポーザル／学校法人龍谷大学／公募プロポーザル**…………**◉ 2004 年** **新旭町第２幼児園設計コンペ**／滋賀県新旭町／指名コンペ（特定 / 指名5社）…………**ハンセン病資料館（仮称）増築その他設計業務**／関東地方整備局／簡易公募型プロポーザル1次審査通過（6社）…………**今庄小学校建設工事設計業務**／福井県今庄町／公募型プロポーザル…………**（仮称）宇美町立図書館ＱＢＳ方式による設計者選定**／福岡県宇美町／公募型 QBS（資質評価方式）…………**県立考古博物館（仮称）建築設計業務委託者選定に係るプロポーザル**／兵庫県／公募型プロポーザル…………**（仮称）「道の駅あどがわ」設計コンペ**／滋賀県安曇川町／指名コンペ…………**備北丘陵公園事務所その他設計業務**／中国地方整備局／公募型プロポーザル１次審査通過（6社）…………**厚陽中学校校舎改築プロポーザル**／山口県山陽町／公募型プロポーザル…………**里山学センター公募型提案競技**／愛知県犬山市／公募型プロポーザル一次審査通過（6社）…………**岡崎市康生地区拠点整**

宝珠山村保健福祉センター設計競技

多摩平団地（建替）公益施設建物基本実施設計

（仮称）甲南町立図書館建築設計業務

新旭町第２幼児園設計コンペ

備基本設計業務設計者選定公募型プロポーザル／愛知県岡崎市／公募型プロポーザル…………久山町下山田地区公民館等設計プロポーザル／福岡県久山町／公募型プロポーザル…………東京都北区新中央図書館公募プロポーザル／東京都北区／公募型プロポーザル…………（仮称）「碓井町道の駅」基本計画コンペ／福岡県碓井町／指名コンペ…………新庁舎基本計画8000㎡程度17年度実施設計／東京都福生市／公募型プロポーザル…………高根台団地建替基本設計公募型提案競技／都市機構／公募型プロポーザル…………工事監理業務に係るプロポーザル技術者評価型（簡易）プロポーザル／大阪市／簡易公募型プロポーザル（特定）…………総合体育館建設公募コンペ／大分県中津市／公募コンペ…………小城中学校基本・実施設計プロポーザル／佐賀県小城町／公募プロポーザル…………統合新校舎建築にかかわる基本構想作成業務／東京都目黒区／公募プロポーザル…………新川通防災複合施設（仮称）基本設計業務プロポーザル／関東地方整備局／簡易公募型プロポーザル（1次審査通過／5社）…………八女市立見崎中学校屋内運動場増改築設計競技／福岡県八女市／指名コンペ（5社）…………中央公民館等建替調査に関する業者選定プロポーザル／東京都日野市／指名プロポーザル（5社）…………◉ **2005年** ㈱かね善今里本社ビル新築工事設計提案競技／㈱かね善／指名コンペ…………図書館建設設計業務プロポーザル／愛知県日進町／公募プロポーザル…………矢部町役場庁舎建設設計業務プロポーザル／熊本県矢部町／指名プロポーザル…………こども家族館（仮称）設計業務プロポーザル／福井県／公募プロポーザル…………（仮称）長田区南部統合小学校校舎新築工事基本実施設計プロポーザル／神戸市／指名プロポーザル（特定／指名6社）…………エコハウス建築設計業務委託に係るプロポーザル／兵庫県／公募プロポーザル…………（仮称）東大久保賃貸住宅基本設計及び実施設計委託プロポーザル／東京都住宅供給公社／公募プロポーザル…………日野宿通り再生事業基本構想業務のための提案競技／東京都日野市／指名プロポーザル…………統合第一小・中学校プロポーザル／高松市／公募プロポーザル…………新墨田小学校新築に伴う基本設計プロポーザル／東京都墨田区／公募プロポーザル…………麻布図書館改築に係る基本構想・計画算定支援委託／東京都港区／公募プロポーザル…………南消防署改築工事基本設計業務／広島市／公募プロポーザル…………王子小学校・王子桜中学校新築基本設計／東京都北区／公募プロポーザル…………港区みなと保健所の再編整備に係る基本計画及び設計業務／東京都港区／公募プロポーザル（1次審査通過／5社）…………白浜町立西冨田小学校建設工事基本実施設計業務プロポーザル／白浜町／指名プロポーザル…………富士生涯学習センター設計競技／佐賀県富士町／指名コンペ（特定／指名7社）…………国立アジア文化殿堂国際設計競技（韓国・光州）／韓国文化観光省／国際公開コンペ（参加124社）…………基山小学校改築設計公募プロポーザル／佐賀県基山町／公募プロポーザル…………南部地区新設小学校設計委託プロポーザル／長久手町／公募プロポーザル…………神戸海上新都心（旧ＰＣ1北地区Ａブロック）事業者募集／財団法人神戸港埠頭公社／公募コンペ（特定）…………敦賀港湾合同庁舎改修外3件設計業務プロポーザル／近畿地方整備局／指名プロポーザル（特定）…………新庁舎建設設計業務プロポーザル／京都府相楽郡木津町／指名プロポーザル…………◉ **2006年** 06Skyscrapar architectural competition／eVolo／公募コンペ…………六甲アイランド神戸国際大学北側用地分譲公募／神戸市／公募コンペ…………古賀高等学校改築及び改修工事設計業務／古賀市／公募プロポーザル…………新設統合第2小学校プロポーザル／高松市／公募プロポーザル…………高知法務総合基本設計業務委託／四国整備局／公募プロポーザル…………山梨県警察学校本館設計業務／関東地方整備局／公募型簡易プロポーザル（特定）…………（仮称）日野宿交流館改修及び日野宿本陣周辺改修設計業務／日野市／指名プロポーザル（特定）…………鳥羽小学校移転基本設計プロポーザル／鳥羽市公募プロポーザル…………あいこうか市民ホール調査設計業務委託に係るプロポーザル／滋賀県甲賀市／指名プロポーザル…………広島市湯来地区交流施設基本設計プロポーザル／広島市／公募プロポーザル…………南多摩地区学園養護学校増築・改修プロポーザル／東京都財務局／公募プロポーザル…………九州大学（伊都）数理学研究教育棟等新営設計業務／九州大学／簡易公募型プロポーザル…………◉ **2007年** 新千里西町Ｂ団地再生地活用事業提案競技／大阪府公社／公募コンペ…………交流センター1（高次都市施設）及び交流センター2（既存建造物活用）設計業務プロポーザル／八女市／公募プロポーザル…………沖縄県警察学校射撃場設計業務プロポーザル／沖縄総合事務局／公募プロポーザル（特定）…………京都御苑堺町公衆便所他1件設計業務プロポーザル／近畿地方整備局／指名プロポーザル…………甲府労働基準監督署増築他設計簡易プロポーザル／甲府市／公募プロポーザル…………九州大学（伊都）学生寄宿舎新営設計業務／九州大学／簡易公募型プロポーザル（特定）…………九州大学（伊都）生活支援施設等新営設計業務／九州大学／簡易公募型プロポーザル

（仮称）長田区南部統合小学校校舎新築工事基本実施設計プロポーザル

神戸海上新都心（旧ＰＣ1北地区Ａブロック）事業者募集

山梨県警察学校本館設計業務

九州大学（伊都）学生寄宿舎新営設計業務

DATA 2

ワークショップ｜2007

徳岡昌克建築設計事務所

兵庫県尼崎市

事務所を創設して 25 年になる。一人で始めた事務所が 30 人を超える所員を擁するようになった。東京、福岡にも事務所があるのは、建築は地域に根ざすものだから、その地方出身の所員が親や家族の近くで創作活動を継続できるように、所員の出身地に事務所を開設してきたからだ。しかし、昨今、気になるのは所内のコミュニケーションのことである。創設以来毎年、年始めに大阪で、夏には滋賀の研修所で全員参加のミーティングを楽しく開催している。また、私の建築をつくる思いを著作などでも伝えているが、総論は心情的に概ね理解できるとしても、各論のほうはどうだろうか。竣工図、各工作図、おびただしい資料の活用はどうだろうか。何より不安に思うのは、隣席の同僚がどんな仕事をしているのか、どこに行っているのか、別々の部屋にいるとわからない。これでは、いくらグループ・インテリジェンスといっても無理である。

昔は、先輩の優れた技を盗むようにして仕事を覚えたという意味で、情報収集能力と解析力が旺盛だったように思う。人数が少ないときは、また手書き図面の時代はともかく、CAD 化されるとオリジナルの作成者が見えなくなり、実力を見誤る危険がある。

コミュニケーションの第一歩は朝の挨拶に始まるから、大部屋を試みている。

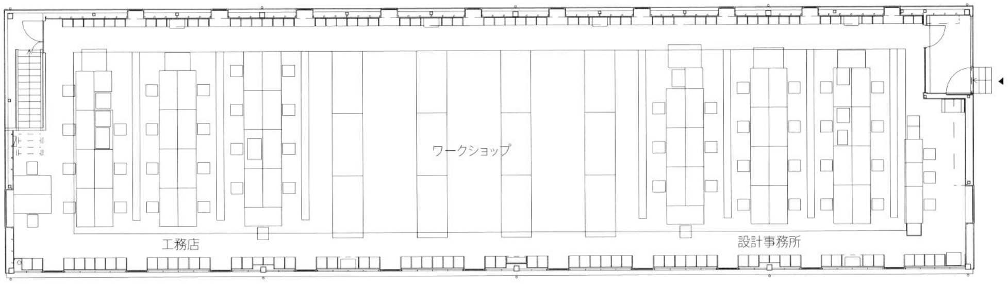

2階平面図　1：300

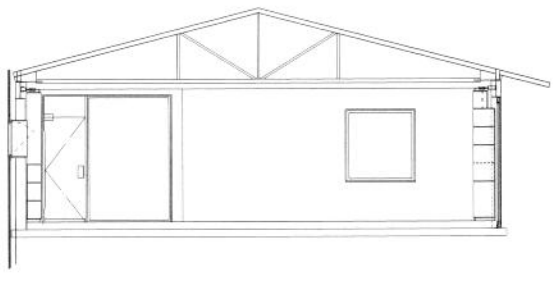
南展開図

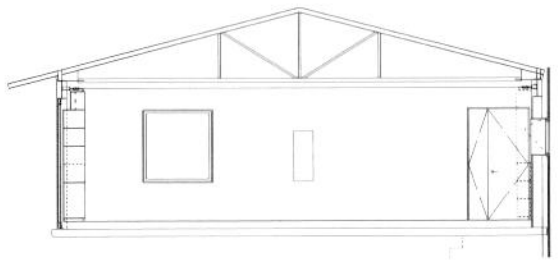
北展開図

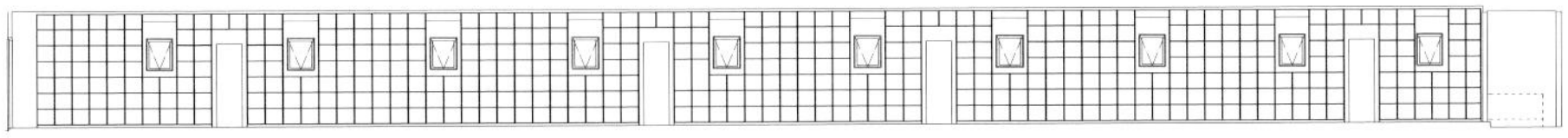
東展開図

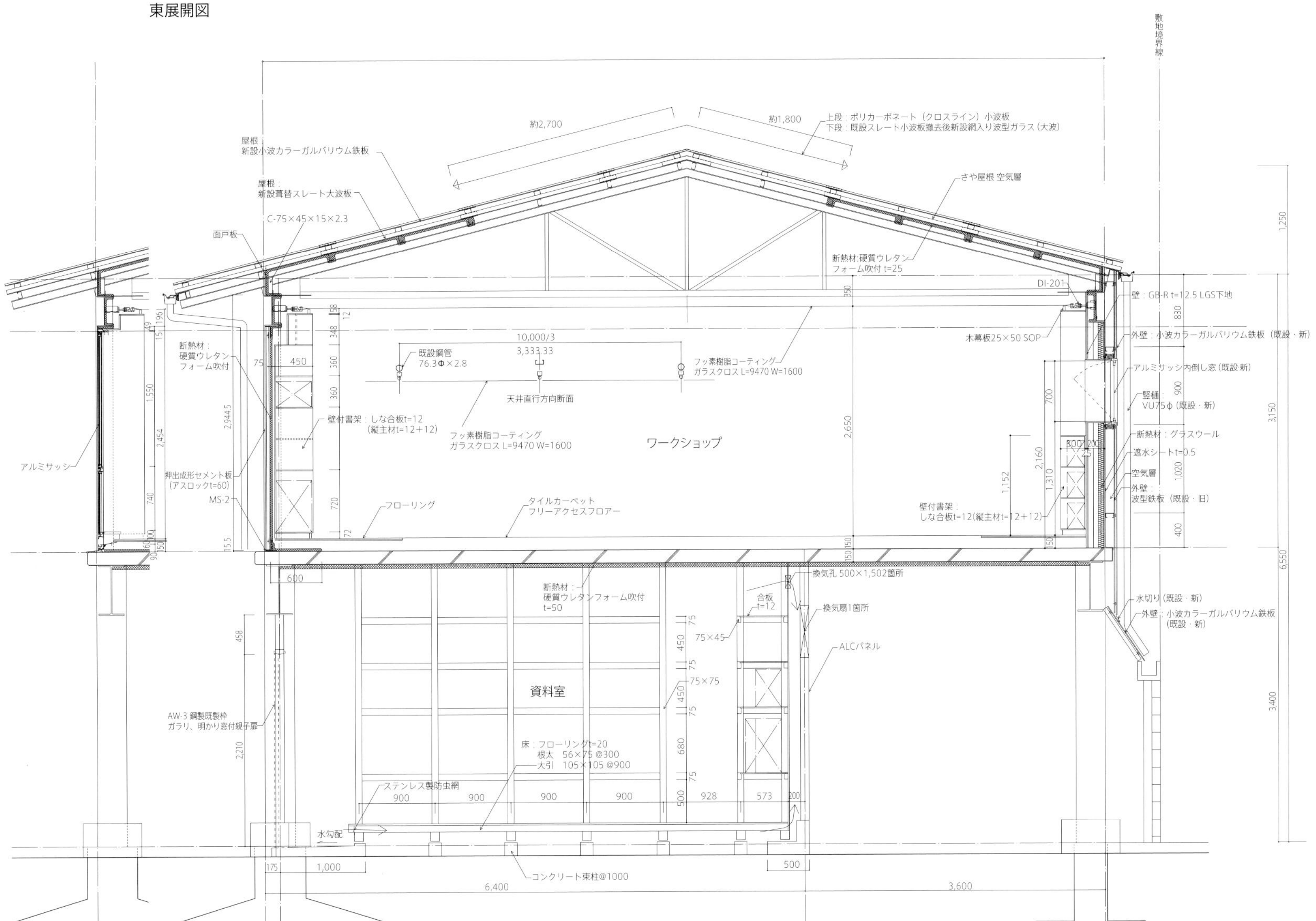

矩計詳細図

DATA 3

建築データ

◉小石原焼伝統産業会館
所在地：福岡県朝倉郡小石原村大字
小石原 730-9
構造／規模：RC 造・一部 W 造／ 1F・B1F
敷地面積：12,305.46㎡
建築面積：1,410.90㎡
延床面積：1,123.75㎡
施工：㈱銭高組九州支店
設計期間：1997.6 ～ 1998.3
工期：1997.12 ～ 1998.7

◉めくばーる三輪（旧三輪町複合施設）
所在地：福岡県朝倉郡筑前町久光 952 他
施設内容：町民ホール、図書館、学習館、
健康福祉館、老人福祉センター
構造／規模：RC 造・S 造／ 3F
敷地面積：22,349.63㎡
建築面積：7,312.18㎡
延床面積：7,374.45㎡
施工：㈱松村組・㈱高松組三輪町建設建設
共同企業体
設計期間：1995.12 ～ 1997.3
工期：1996.10 ～ 1999.3

田川文化エリア
所在地：福岡県田川市新町 11-56 ～ 61
施設内容：美術館・図書館・モニュメント
構造／規模：RC 造・S 造／ 2F・B1F・PH1F
敷地面積：11,129.15㎡
建築面積：3,185.76㎡
延床面積：4,583.05㎡
施工：奥村組・久保建設共同企業体・㈱中山組・
成定建設
設計期間：1988.10 ～ 1990.10
工期：1990.6 ～ 1991.10

◉嘉麻市立碓井琴平文化館
（旧碓井町立碓井琴平文化館）
所在地：福岡県嘉麻市上臼井 767
施設内容：嘉麻市立織田廣喜美術館、碓井郷
土館碓井平和記念館、碓井図書館
構造／規模：ＲＣ造／ 3F・棟屋 1F
敷地面積：32,433.98㎡
建築面積：3,406.03㎡
延床面積：4,993.54㎡
施工：竹中工務店・星野組
設計期間：1993.4 ～ 1994.9
工期：1994.2 ～ 1996.4

◉大津市木戸市民センター
（旧志賀町役場新庁舎）
所在地：滋賀県大津市木戸 58
構造／規模：SRC 造・RC 造・S 造／ B1F・3F・
PH1
敷地面積：14,552.10㎡
建築面積：3,092.19㎡
延床面積：6,858.18㎡
施工：東急建設㈱
設計期間：1997.4 ～ 1998.7
工期：1998.9 ～ 1999.12

◉木戸デイサービスセンター
（旧志賀町デイサービスセンター）
所在地：滋賀県大津市木戸 709
施設内容：木戸コミュニティーセンター、
木戸ヘルパーステーション、木戸障害者相談
支援センター
構造／規模：RC 造／ 1F
敷地面積：4,549.00㎡
建築面積：1,426.07㎡
延床面積：1,294.86㎡
施工：三井建設　大阪支店
設計期間：1993.10 ～ 1994.1
工期：1994.7 ～ 1995.3

◉ビラデスト今津
所在地：滋賀県高島市今津町深清水 2405-1
施設内容：森のふしぎ館、であいの館、
みのりの館、森の交流館、倉庫便所棟
敷地面積：約 70ha
設計期間：1991.9 ～ 1993.7
工期：1991.12 ～ 1994.8
・森のふしぎ館
構造／規模：RC 造／ 2F
建築面積：720.00㎡
延床面積：1,296.00㎡
施工：㈱桑原組
・であいの館（総合案内所）
構造／規模：W造／ 2F
建築面積：198.72㎡
延床面積：232.50㎡
施工：杉橋建設㈱
・みのりの館（物販棟、軽食喫茶）
構造／規模：W 造／ 2F
建築面積：318.53㎡
延床面積：264.09㎡
施工：杉橋建設㈱
・森の交流館（宿泊施設、レストハウス、大浴場）
構造／規模：W造・RC 造／ B1F・2F
建築面積：771.45㎡
延床面積：1,025.05㎡
施工：㈱桑原組
・倉庫・便所棟
構造／規模：W造／ 1F
建築面積：35.64㎡
延床面積：28.61㎡
施工：㈱川原林工務店

◉東近江市愛東けんこう福祉ゾーン
（旧愛東町けんこう福祉ゾーン「柿立の里」）
所在地：滋賀県東近江市妹町 29
施設内容：あいとう診療所、愛東町総合福祉
センターじゅぴあ、愛東町防災センター
構造／規模：ＲＣ造／平屋
敷地面積：20,365.82㎡
建築面積：4,655.75㎡
延床面積：4,185.45㎡
施工：平和奥田㈱
設計期間：1998.8 ～ 1999.9
工期：1998.10 ～ 2000.1

◉ぼんち神戸工場
所在地：兵庫県神戸市西区高塚台 5-1
構造／規模：S 造／ 3F
敷地面積：16,942.37㎡
建築面積：3,279.73㎡
延床面積：5,714.85㎡
施工：㈱徳岡工務店
設計期間：1983.12 ～ 1984.3
工期：1984.4 ～ 1984.10

◉神戸市立小磯記念美術館・地下駐車場
所在地：兵庫県神戸市東灘区向洋町 5-7
構造／規模：RC 造・一部 SRC 造／ 2F・地下
駐車場（432 台）
敷地面積：33,042.00㎡
建築面積：1,530.52㎡
延床面積：18,152.70㎡
施工：竹中・銭高・三井建設共同企業体
設計期間：1989.8 ～ 1990.10
工期：1990.11 ～ 1993.3

◉夜久野ふれあいプラザ
（旧夜久野町文化・保健福祉複合施設）
所在地：京都府福知山市夜久野町額田（下町）
19-2
施設内容：夜久野地域公民館、西部保健福祉
センター、図書館夜久野分館
構造／規模：S 造・一部 SRC 造・3F
敷地面積：13,400.00㎡
建築面積：3,005.10㎡
延床面積：3,028.38㎡
施工：但南建設・衣川組・衣川製作所ＪＶ
設計期間：2003.11 ～ 2004.2
工期：2004.4 ～ 2005.3

◉稲沢市荻須記念美術館・アトリエ復元
所在地：愛知県稲沢市稲沢町前田 365-8
構造／規模：RC 造／ 2F
敷地面積：17,060.00㎡
建築面積：1,058.40㎡
延床面積：1,068.10㎡
施工：仲田・杉原・川村共同企業体
設計期間：1993.9 ～ 1995.2
工期：1995.5 ～ 1996.2

◉筆者紹介

内田祥哉（うちだ　よしちか）
1925 年東京生まれ。1947 年東京帝国大学第 1 工学部建築学科卒業。逓信省、電気通信省、日本電信電話公社を経て、1956 年東京大学助教授、1970 年同大教授。1986 年同大退官後、明治大学教授、金沢美術工芸大学教授。
現在、東京大学名誉教授、内田祥哉建築研究室代表。工学博士。
1970 年日本建築学会賞（作品）受賞（佐賀県立博物館）、1978 年日本建築学会賞（論文）受賞（建築生産のオープンシステム）、1982 年日本建築学会賞（作品）受賞（佐賀県立九州陶磁文化会館）、1996 年日本建築学会大賞受賞。
主な著書に、『建築家吉田鉄郎の手紙』（1969、鹿島出版会）、『建築生産のオープンシステム』（1977、彰国社）、『建築の生産システム』（1993、住まいの図書館）、『現代建築の造られ方』（2002、市ヶ谷出版）ほか。

◉写真撮影

・SS 九州：
5 左 , 13-14, 27-29, 45-47, 61-63
・SS 大阪：
77-81, 82 小 , 87, 89, 91, 100-102,
115-117, 137-139, 141
・エス・ジー・シー佐賀航空：43
・岡本公二：15-21, 23-25, 34, 64-65,
68 右
・庄野 啓：
105, 108 下 , 110 上 , 112, 113 右 ,
130-131, 135 右 , 174
・ 多比良敏雄：169 上 3 点
・名執一雄：
84-85, 98, 103-104, 106, 109, 110 下 ,
113 左 , 122 下 , 124 上 , 145 上
・松村芳治：
7 右 , 90, 92-93, 96-97, 99, 118-121,
122-123 上 , 125, 149, 153-155, 157, 159
・村井 修：
4, 5 右 , 7 左 , 30-33, 35-36, 39, 48-54,
57-59, 66-67, 68 左 , 69-70, 72, 73 右 ,
74, 82-83, 132-133, 135 左 , 142-144,
146, 161 右 ,162-165
・新建築写真部：166-167, 169 下 3 点
・徳岡昌克建築設計事務所：150-151
・都市建築編集研究所：
6, 8-9, 37, 22, 56, 71, 73 左 , 94-95,
108 上 , 124 下 , 140, 145 下 , 152, 156,
160, 161 左

編集ノート

仕事の履歴を記した冊子を多くの設計事務所がもっているが、 徳岡さんの事務所にも「WORKS」と名付けられたものがある。一風変わっているのは作品リストの前に「コンペ・プロポーザル参加及び提案リスト」があり、参加したものすべてが記載されている。よく見ると、「当選」あるいは「特定」という文字があり、その内のいくつかが本書に作品となって登場している。コンペティションという競争によって設計力を鍛え高める建築家の営為が記録されているわけだが、喜寿を過ぎてなお、コンペ参加に全精力を注いでいる徳岡さんの姿勢に驚かされた。

その徳岡さんから「私の仕事の中から 6 つほどの建築を選んでほしい」と頼まれたのは一昨年の秋だった。6 件とは厳選を意味している。資料を見ると、徳岡さんの建築は都市と田園、双方の地域にほぼ拮抗してある。まずそれらを見ようと近畿・北陸地区を数回、さらに福岡全域および東京地区を車で経巡った。国内を車で動いていると壊れていく景観に胸を痛めることが多いが、田園地域にある徳岡さんの建築を巡る時間は目が洗われるような美しい風景の連続であった。そのような中に現れた徳岡さんの「田園の建築」は風景を鮮やかに彩っていた。

現地を訪れたいと思ったのは昨今盛んにいわれる「建築—箱もの」批判的見地からも確認しておきたいと思ったからである。人が活動する場には多くの場合、なんらかの施設を必要とするが、しかしそれはけっして過剰である必要はなく、適度かどうかの判断は現地での建物と人との交流を見るのが一番だ。その結果、12 の建築を選んだ。6 より 12 のほうが徳岡さんの建築の良さを多面的に伝えることができると思われたからだ。そのほとんどは基本的に田園に建つ建築で、ぼんち神戸工場を除いて他は誰もが訪れることのできる施設である。いずれも良く利用され、人と建物の交流が微笑ましいものだった。ただ大津市木戸市民センターは 2006 年の合併で大津市に編入された地域にあり、元は志賀町庁舎として議場をもつ建築であったため、全施設を使いきる状況までにはしばし時間を要すると見た。その上でこのシャープな切れ味のよい建築を選んだのは、モダニストとしての徳岡さんをきちんと記録したいと思ったからである。

徳岡さんはモダニズム全盛の頃に建築を学び、竹中工務店設計部在職中はそうした建築を多く手がけてきた。モダニズムに対する思いはたぶん初恋にも似ていて、それを一方の極として保持しながら、独立後こつこつと田園版の建築に精を出してきた。木戸市民センターと、ほど近い位置にある木戸デイサービスセンターを設計したのはまぎれもなく徳岡さんだ。77 頁の航空写真にこれらは仲良く収まっている。デザインは対比的に見えても、根はつながっていて、 竹中工務店在職中のデビュー作となった関西大学幼稚園（1965）は大屋根がかかった建物であり、田園型への志向性は最初からあったというべきか。その意味を考えるために本書の役割があるのかもしれない。

12 の建築は、ビルディングタイプ、構造形式、 建築材料、それに表現やディテールなどさまざまな面で徳岡さんの考えや好みを伝えている。構造の形式は目的に応じて当意即妙に選び採り、建築材料は幅広い種類を用いているが、なかでも煉瓦タイル、漆喰、銅板などへの思いは一入のようである。ビルディングタイプでいうと文化施設や健康福祉施設が多いが、それは 1980、90 年代の時代の動向にもよっている。これらは今世紀に入っても地方では要望度の高い施設であるが、国や地方の財政再建が叫ばれ、従来とは違う「ものさし」が力を増してきている中で、建築家も発想を変えて対応していく姿勢が求められている。

徳岡事務所の仕事一覧を見ると、事務所を創設した 80 年代は主に個人や民間を対象として小規模なものが多かったが、90 年代に入ると公共建築を多く手がけるようになり、対象地域も広がりをもつようになった。事務所創設からおよそ 10 年して、地域密着型の建築に対する回答をつかんだようである。つまりこつこつと磨いてきた田園型の建築である。「失われた 10 年」と呼ばれた日本経済の谷間の時代に、徳岡さんは地域で着実に生きる建築家の論理と手法を身につけた。

この地域密着型の建築の成果を紙面で表現したいとあれこれ考えるうちに、空からのアングルと地上のアングル…人と建物の交流…、この掛け合わせが思い浮かんだ。かつて建築専門誌の編集に関わっていた頃、もう 30 年以上前になるだろうか、建築評論家の浜口隆一さんとアポロ宇宙船からとらえた地球の写真を見ながら、これを建築評論に持ち込めないかと語り合ったことを思い出した。当時の対象物は都市建築であったが、時代が移り、今は田園の建築にもその視点が必要になってきたというわけである。　（石堂威）

徳岡昌克（とくおか まさかつ）

1930　横浜生まれ
1951　京都工業専門学校（現・京都工芸繊維大学）建築科卒業
竹中工務店大阪本社設計部入社
1965-67　同社休職
ムーマ建築事務所（ワシントン D.C.）
C.F.マーフィー建築事務所（シカゴ）
1967　竹中工務店復職
1968-83　同社大阪本店設計部設計課長、副部長
九州支店設計部長
大阪本店設計部副部長
1983　徳岡昌克建築設計事務所創設、現在に至る

著書：　『建築―生き様のデザイン』（彰国社、1998）
『MASAKATSU TOKUOKA』
（PRO ARCHITECT17, ARCHIWORLD, Korea, 1999）
『建築―ゆずり葉のデザイン』（相模書房、2003）

掲載12 作品に与えられた主な賞：

- BCS 賞
- 照明普及賞
- 日本建築士会連合会優秀賞
- 福岡県建築住宅文化賞大賞
- 日本建築士会会員作品展優秀賞
- 関西照明技術普及会賞
- 日本建築学会作品選集掲載
- hiroba 賞
- 中部建築賞
- 愛知まちなみ建築賞
- 第８回ブルガリア世界建築トリエンナーレ入賞　ウィーン市長賞
- 医療福祉建築賞
- 公共建築百選
- 建築士事務所全国大会（長崎大会）建築作品表彰　建設大臣賞
- 福岡県美しいまちづくり賞大賞
- 公共建築賞優秀賞

建築――風土とデザイン

第1刷	2008年5月24日
著　者	徳岡昌克
発行者	馬場栄一
発行所	株式会社 建築資料研究社 〒171-0014 東京都豊島区池袋2-72-1 日建学院2号館 電話 03-3986-3239 FAX 03-3987-3256
編　集	石堂 威（都市建築編集研究所）
デザイン	太田徹也 カケイ・グラフィックス（扉）
印刷所	サンニチ印刷
製本所	創本社

ISBN978-4-87460-987-3　Printed in Japan